Healing Power of a Chakra Awakener

動画で感じる!

チャクラ覚醒者の癒し

スピリチュアル・パワー
〈天啓気療〉

北沢勇人
天啓気療院院長

現代書林

はじめに

「動画で感じる」というタイトルに惹かれて、本書を手に取っていただいた方もいることでしょう。

言葉の通り、チャクラが覚醒し、クンダリニーの上昇によって私が授かった「癒しのエネルギー」を体感してもらいたいというのが、執筆の意図の1つです。

すぐにでも体感したい方は、さっそく20ページを開いてください。

さて、実はこの書籍を書き記すためには、多少の迷いと不安がありました。なぜ迷いと不安があったかと申しますと、現代は科学万能の時代であり、物質世界こそが世界そのものであると多くの方々に信じられているからです。

「癒しのエネルギー」「チャクラの覚醒」「クンダリニーの上昇」など、普段の生活ではまったくと言ってよいほど馴染みのない言葉や名称を、皆様方に無理なく、理解や納得していただけるかどうか、大変不安だったのです。

科学的に実証できないものは、信用に値しない。皆様方はこれまでそうした教育をされ受けてこられたのではないでしょうか。そのような状況において、見えない事柄に対して理解を求めることは、無理があるのかもしれません。

しかし私の癒しの能力は、どんな能力とも比較ができないほどの強さがあります。私はこの能力を通し、皆様方のお役に立ちたいと、心の底から願っています。たとえ誤解が生じようとも、本書で公開したいと決心しました。

私の身に起こった数々の不思議な体験は、一般の方々が理解をするためには無理があると考えられます。

しかも、数々の体験や心の変化は、数年間という長期にわたり体験した事柄です。そのため本書では、その膨大な体験内容のほんの数パーセントのみしか書き記すことができませんでした。そこで、重要と思われる部分のみではありますが、書き記しました。

私は以前、建築士として、建築物の図面を作成したり、工事の管理をしたりする仕事をしていました。「チャクラの覚醒」「クンダリニーの上昇」など、まったく縁のない世界で生活をしていたのです。現代は、科学万能の時代だと信じていました。目に見えないものを信じることや、理解することなど一切なかったのです。

ところが、1993年春頃に、一般常識では到底考えられないような、不思議な体験が始まりました。

それは、どのようなことかと申しますと、夜遅く寝ようとして寝床につき、電灯を消してから数分が経過した頃に、目を閉じた状態でありながら、驚くほど強く輝く光を見たのです。その強力な光が体めがけて一気に入ってきたように感じたり、さらには、全身がその光に完全に包まれたりしました。その他、自分自身の意識が肉体より離脱して、その光の中に塊が溶け込み、そして、光と一体になったように見えたり、感じたりしました。

それは真に素晴らしく、そして恐ろしい体験です。それらが混在しながら長期間にわたり、数々あったのです。

その体験が始まった数日後からは、手や足はもちろん、全身いたるところに微弱な、ときには強烈な電気が流れているように感じました。さらには、全身の細胞がむくむくとうごめくような、極端に活動するような、何とも不思議な感覚がありました。それこそ表現に困るようなことが、眠っているとき以外、いつでも感じるようになってしまったのです。

その後、体の力を抜き、心を落ち着かせてリラックスすると、私の体の内部から、そして外部からも、それこそ頻繁に、不思議な音や声が聞こえるようにもなってきました。

さらに、臨死体験のように、自分の体から意識が抜け出て、2人分の意識を持っているようになりました。体から抜け出たと思われる意識は、様々な建物、山、川、海などの景色がきらきらと光り輝いている体感をしました。神様の世界と言えるような、もしくは死後の世界と言えるような、大変不思議な映像を見たり、感じたりもしていたのです。その他には、たとえることのできないほどの高速で、自分自身の意識が飛んでいくのが見えたり、感じたりもしました。

一方の、自分の体に残ったと思われる意識は、横になって寝ている自分を見たり、感じたりもするのです。

当初私は、自分の体がいったいどうしてしまったのか、まったくわかりませんでした。ただ、想像もつかないほどの異常な状態であることは自覚していました。

そしてその頃、すでに私は癒しのエネルギーを使って、様々な病気や痛み、精神的なことなどで悩んでいる方々に対し、施術を始めていました。

そうしながらも、自分に不思議な能力が備わったとは信じられませんでした。否定していたのです。

やがて、私が手をかざすことにより、確実に病気や痛み、悩みから解放されていく人々の姿を見ているうちに、疑う余地はなくなってきました。

この世の中には目には見えずとも、理解や説明が不可能と思えるような、癒しのエネルギーが存在するのです。そのことを理解し、さらには納得もできるようになりました。それでもまだ、本書を書き表すのには、ためらいがあることも事実なのです。

本書に記したことは、他の書籍などからの受け売りではありません。実際に私自身が体験したものです。実体験をもとに、そして冷静になって理解したことを、忠実に感じたままに表現をしています。

特に、チャクラが覚醒して、クンダリニーが上昇していくときには、体や精神に様々な変化が表れます。物理的次元（エーテル次元）から精神的次元（カラーナ次元）に移行し、その際、心身ともに急激に変化が起こるからです。

意識状態が急激に、そして極端に変化をするため、素晴らしいことばかりがあるわけではありません。思いもよらないほど激しく、恐ろしく、苦しく、そして驚くような状況になることも、少なくないのです。

そこで皆様方にも、チャクラの覚醒や、クンダリニーの上昇時に体験する変化について、理解をしていただきたく、重要点のみではありますが、書き記しました。そして私が習得した癒しのエネルギー「天啓気療」を解説しています。

納得するまで何度も読み返してほしいです。そして20ページのQRコードから、癒しのエネルギーを体感してみてください。本書が皆様のお役に立てれば幸甚です。

2024年5月

北沢勇人

動画で感じる！ チャクラ覚醒者の癒し　もくじ

第1章

動画で感じる「真の癒し」

第2章

7つのチャクラの秘密

第3章

私が体験した「チャクラの覚醒」

第4章

癒しの力とは、愛の力

第 1 章

動画で感じる「真の癒し」

ユーチューブへの動画投稿を始めたきっかけ

ドキュメンタリー番組のカメラマンをしている方が訪ねて来たことがありました。「この施術は素晴らしいから、動画で公開してはどうか」とアドバイスをくれました。私が話しているところや施術の様子を、そのカメラマンが撮影してユーチューブに公開をしてくれたのです。いまから9年前になります。

その動画を観た私は、この方法は私が授かった能力を紹介するのに良い方法だと感じました。そのため、自分でも動画投稿を始めたのです。

天啓気療を実際に施術しているところを、ありのまま撮影する理由

天啓気療の場合、言葉や文章だけで表現するのには限界があります。

例えば、施術はこのようにして行うとか、どのように感じるとか、どう変化するとか、

このようになるとか、手をかざすといっても、色々なことがあり過ぎて説明が難しいのです。

その点、動画なら施術の様子だけではなく、私が相談者に話をしている内容も伝わります。要するに言葉や文章で説明をしなくても、皆さんに理解してもらえるのです。

私が施術の動画を公開することで、最も大事にしていることがあります。それは、ありのままの様子を公開することです。

要するに、施術することで起こる様々な変化や、時間の経過による様子をリアルに観てもらうことができます。相談者と私たちの間で、打ち合わせや隠し事などがないこともおわかりいただけることでしょう。

動画を通して、癒しのエネルギーを届ける

ユーチューブに動画を公開してしばらくたった頃、「動画から素晴らしいエネルギーを

感じる」とか、「痛みがなくなった」などのコメントが多く書き添えられていることに気がつきました。

動画を観ることに、一種の遠隔ヒーリングのような効果があることがわかったのです。

また、「私は遠くに住んでいるので、訪問することが困難です。何か方法はないですか？」などのコメントも寄せられるようになりました。

それならばと、より一層、様々な施術動画を公開するようにしました。多くの方々のお役に立てるのではないかと考え、動画の公開を今も続けています。

相談者に対し、実際に施術している様子を撮影することも多いです。

その理由は、相談者が後日、自分が施術されている動画を観ることで、理解を深めることができるからです。それだけではなく、癒しのエネルギーでヒーリングされているところを観たり、その様子を思い出したりすることにより、相談者にさらなるよい変化が期待できます。

ユーチューブの動画を観た人からの反響

ユーチューブに寄せられたコメントについては前述しましたが、反響はそれだけにとどまりませんでした。様々なことで悩んでいる方々が連絡をしてきたり、「自分の体調が優れないのはなぜなのでしょうか」と訪ねてくる方々が増えてきました。

動画の公開が悩みを抱えている方の役に立っているものと実感しています。

その他の反響などは、当院動画のコメント欄を参考にしてください。

動画で感じる癒しのエネルギー

最初にご覧
いただきたい動画 》

「この病気は
難病で改善は難しい」
と言われた方へ 》

様々な症状で
悩んでいるが、
何が原因か
わからない方へ 》

長い間、
通院しているが
回復せず、
楽にならない方へ

様々な痛みが
長い間改善せずに
悩んでいる方へ

医師から
「この病気の
治癒は難しい」と
言われた方へ

自然治癒力を
向上させ、
自己免疫を
強化したい方へ

》

チャクラの覚醒や
クンダリニーの上昇に
関心がある方へ

》

気功やレイキの
エネルギーに
関心がある方へ

》

カルマを浄化し、
運命を書き替え、
願望を実現したい方へ

》

瞑想法や呼吸法、
能力開発などに
関心のある方へ

》

すべての動画の閲覧は
こちらで
（当院のホームページ）

》

当院で使用する特殊な音声について

当院では現在、天啓気療の施術や癒しに特殊な音声（ボイス）を使用しています。この特殊な音声は皆様の健康や幸せ、癒しの向上を願って用います。事実、この特殊な音声によって、天啓気療の施術や癒しの効果が一段と増すのです。

特殊な音声を用いるようになったのには、理由があります。世界的に活躍しているバイオリニストの方が私を訪ねて来た際、施術後にこう言ったのです。

「あなたが唄を歌ったら、皆が体も心も癒され、感動するでしょう。施術や癒しに役立つ、特別な声の持主です」と。

「唄が得意なほうではありませんし、カラオケで歌うこともなく、人に褒められたこともないのです」と私は彼女に伝えました。

すると、「バイオリンの音色にも特徴があります。『ストラディバリウス』というバイオリンの名器のことを聞いたことはあるでしょう。特別な音色がします。声も同じで、あなたは他の誰も持っていない、特別な声を備えているのです」と言うのです。

天啓気療の施術や癒しだけではなく、音声や言葉にも体と心を癒す力があることを、バイオリニストの方にそのとき教わったのです。

ただ、天啓気療に用いる特殊な音声というと、宗教ではないかと誤解されるかもしれませんので、こうした経緯があったことを述べておきます。

この件については、過去の話なのですが、最近思い出し、天啓気療に特殊な音声として利用してみたところ、素晴らしい効果というか、成果が上がるようになったのです。

効果や成果が本当にあるかについては、皆さんに判断を委ねたいと思います。

第2章

7つのチャクラの秘密

チャクラとは光の環

チャクラとは光の輪という意味です。人間には、東洋医学で言われる経絡の根幹集合部が7か所あります。その部分をインドの言葉（サンスクリット語）でチャクラと表現しています。

チャクラには、場所によって様々な機能や特徴があります。その機能や特徴が互いに影響をし合っています。

チャクラが活発に活動をすると、光を放ちながら回転します。その現象を「チャクラが覚醒した」と言います。ここに言う光とは、一般的な光ではありませんので、注意が必要です。

すなわち、アストラル次元にチャクラの能力が変化した人だけが見える光のことです。要するに、見えるではなく、感じると言ったほうが正確なのかも知れません。

また、一般的に言われている霊現象なども、このアストラル次元のエネルギーであるとされています。

チャクラの種類には、エーテル次元、アストラル次元、カラーナ次元などがあります。精神が磨かれれば磨かれるほど、上位次元に変化すると言われています。その中のエーテル次元のチャクラを駆使して使用することを「気功やレイキを実施する」と言います。私が使用しているのは、アストラル次元やカラーナ次元に属するチャクラです。エーテル次元と比較して、次元が上位にあるため、影響力や効果に違いがあるのです。

チャクラの覚醒とは

チャクラが活発に活動してくると、光を放ちながら回転してくると同時に、一般的に宇宙のエネルギーなどと表現されている、外部のエネルギーとの交換が始まります。その現象を「チャクラが覚醒した」とか、「チャクラが開いた」などと言われます。チャクラの覚醒後の能力やレベルの状態は、アストラル次元やカラーナ次元などの名称で呼ばれています。

アストラル次元「色や形がある場合」や、カラーナ次元「色や形がなくなり、ただ光り輝いている」のチャクラは、ほとんどの方が活動せず、眠ったままの状態です。

そこで、呼吸法、瞑想、断食、水行、滝行などを長期間続けることによって、各チャクラが活発に活動します。チャクラの部分が本来持っている能力、すなわち、人間が本来持っている能力が目を覚まし、活発に活動を始めるのです。

すると、超感覚に優れてきて、様々なエネルギーを感じ取ったり、判断をしたりすることができます。そのエネルギーを変えたり、さらには心の発するエネルギーをコントロールすることや、意識の持つエネルギーをコントロールすることもできたりするようになります。

そうした能力が向上したことを、「サイの能力者になった」とか、「超能力者になった」などと表現をしています。

多くの書籍によると、チャクラの覚醒やクンダリニーの上昇に成功すると、素晴らしいことが約束されているように書かれていることがあります。しかし、好ましいことばかりが現れるわけではありません。現実には、まったく正反対のことが現れることもあります。

注意が必要です。要するに、表裏一体であることを理解しなければならないのです。想像を超える恐怖感や、どのようにしても解決が不可能な事柄が意識下から表面化することを理解してください。安易に考えるべきことではないのです。そこは自覚しておくべきです。

チャクラが覚醒するというのは、無意識とはいえ、今まで隔離されていた宿業（カルマ）や、因果応報などで戒められていた事柄が解放され、意識下から表面化することなのです。

チャクラが覚醒すると、どのような能力が発揮されるのか

第一に、チャクラが覚醒すると、病気の癒しを実施することができるようになります。

私は、この能力を授かったばかりの頃、私と同じような方法で病気などを癒したりしている人が本当に存在するのか、方々を訪ね歩いたものです。

しかし、ほとんどが事実とは異なり、口先ばかりが多いように感じました。本当に病気などを癒したりできる人には会ったことがないのです。

このような状況なので、私自身も本当の意味で、皆様に信用され理解してもらうには大変だと思いました。

第二に、チャクラが覚醒してくると、透視や予言など、自分はもとより、他人にまで影響を与える能力を発揮できるようになります。一般的には、その能力をサイの能力とか超能力などと言います。

ところで、気功術などで使用するエネルギーに、気の次元（エーテル次元）におけるチャクラがあります。自覚している方はほとんどいないと思いますが、実はどなたにでもこの力は活動しています。能力に違いはあるものの、気功術の気は、誰でも発揮できるものなのです。

もし、気の次元のチャクラまで活動が停止した場合には、肉体の次元において活動しているチャクラまで停止したことになり、人間の死そのものを意味します。

クンダリニーの上昇とは

クンダリニーとは、ヨガの用語です。元々宇宙に存在する根源的宇宙エネルギーであり、それが個々の肉体の中に閉じ込められているとされます。

人間の肉体に入り、収まっているクンダリニーの場所は、脊髄のすぐ下の会陰から尾てい骨辺りにあります。ほとんどの方のクンダリニーが活動せず、眠ったままです。

ヨガの書籍の図解などを見ると、それは蛇のようにとぐろを巻いている姿で記されています。

一般的には、クンダリニーは、ヨガの修行により目覚めさせ、上昇させるとされています。ただし、すべての方が修行をしなければならないわけではなく、外部からの衝撃や刺激による場合や、自然に生活をしていても上昇する場合が、稀にあります。

私はどちらかといえば、自然に生活をしていて上昇した人に含まれているようです。理由としては、私はよくわからないのですが、ヨガに明るい方の話では、前世で修行をして

クンダリニーの場所。蛇がとぐろを巻いている姿で描かれることが多い

いるために覚醒したというのです。しかしながら私は、その話を全面的に信じているわけではないことをここに記述しておきます。なぜなら、私は必ずしも現時点では、前世についてすべてを信じているとは言えないからです。

確かに私は様々な体験をしましたが、この体験した現象がすべてではないようにも感じているからです。多くの書籍などを読んでみますと、私が体験した事柄と確かに類似しています。しかし、まったく同じであるとは言えません。今後体験するであろう内容をよく勘案しなくてはならないと考えております。

覚醒したクンダリニーは体内を上昇していく

覚醒したクンダリニーは、脊髄にそって体内を上昇していくとされます。上昇していく過程で、7か所のチャクラにおいて、宇宙に充満するエネルギーと交換されると言われています。

そのことによって、クンダリニーはますます活性化し、上昇を続け、最終的段階においては、頭頂部のチャクラ、サハスラーラから上方に向かい、自分の体から抜け出るとされています。

その過程で、神様と合一すると述べられています。この場合の神様とは、キリスト教などで言われる人格による神様ではなく、宇宙の根源的なエネルギーそのものを指します。

ところで、全員が一番下のチャクラからクンダリニーが上昇するとは限りません。

なぜなら、私の場合は、クンダリニーの収まっているとされる場所（ムーラダーラチャクラ）より数えて3番目の、マニプラチャクラから活動が始まりました。その後、マニプラチャクラ付近から下方に向かい、一番下のチャクラ、ムーラダーラチャクラから抜け出たのです。

再度の下降と思われる現象は、頭頂部にあるサハスラーラチャクラから始まりました。そして、クンダリニーの収まっているとされる場所、脊髄のすぐ下の、会陰から尾てい骨辺りにあるとされている、ムーラダーラチャクラから最後に抜け出しました。

この結果から見て、必ずしもすべての人が同じ状態において上昇するとは限らない、と推測されます。要するに私の場合、クンダリニーの覚醒は、上昇ではなく、下に向かって下っていった、と言うべきでしょう。その後、正常な働きをしたと言えます。

ここで注意するべき事柄を述べます。クンダリニーが上昇する際の現象は好ましい現れ方ばかりではなく、まったく正反対のことが現れることもあります。どのように対処したらよいのかわからないほどの恐怖体験もします。要するに、良い面もあれば、悪い面も現象として現れるのです。表裏一体であることをご理解ください。

それは、チャクラが覚醒する場合と同様なのですが、今まで隔離されていた宿業（カルマ）や、因果応報などで戒められていた事柄などが解放されて、表面化するからです。

クンダリニーの上昇は、一挙に起こる場合もありますが、本当に長い時間をかけて徐々に少しずつ起こる場合もあります。私の場合には、突然一挙に起こったものと解釈できます。

また、クンダリニーの上昇は、途中で止まってしまう場合や、元々の場所に戻ってしまう場合などがあります。元々の場所に戻ってしまった場合には、以後なかなか上昇に至ることが難しくなると言われています。

上昇が難しくなる理由は、私たちの無意識が覚醒することを拒絶することや、クンダリニーの上昇を拒絶するためだと推測できます。私はクンダリニーが上昇するときに、様々な恐ろしい体験をしました。その恐怖が、無意識的であっても、拒絶というブレーキになったのではないでしょうか。

各チャクラの位置

チャクラは7か所あり、下から「ムーラダーラチャクラ」「スワディスターナチャクラ」「マニプラチャクラ」「アナハタチャクラ」「ヴィシュダチャクラ」「アジナチャクラ」「サハスラーラチャクラ」です。

肉体ではそれぞれ次の場所に対応しています。

- ムーラダーラは、会陰
- スワディスターナは、関元（丹田、へその下5センチメートルぐらい）
- マニプラは、へその周り
- アナハタは、胸の真中（体前面中心線と両乳頭を結ぶ線との交点）
- ヴィシュダは、咽喉
- アジナは、眉間

・サハスラーラは、頭頂上

各チャクラの働き

チャクラは、下から順に、動物の次元とされるムーラダーラチャクラから、神に通ずるとされる次元のサハスラーラチャクラまで7か所あります。チャクラは、それぞれの特性を持っていることが知られています。また、それぞれのチャクラに対応した臓器（五臓六腑など）やそれに伴う性格、そして様々な病気などとの関係や特徴などがあります。そして、お互いに影響を与えながら活動をしています。

ムーラダーラチャクラ

脊髄の底部にある第一のチャクラで、会陰部が中心であるとされています。子孫を残したりすることを目的とし、根のチャクラと言われています。

動物としての泌尿機能や生殖のコントロール、男性として女性としての生殖に関する臓

ムーラダーラチャクラの位置

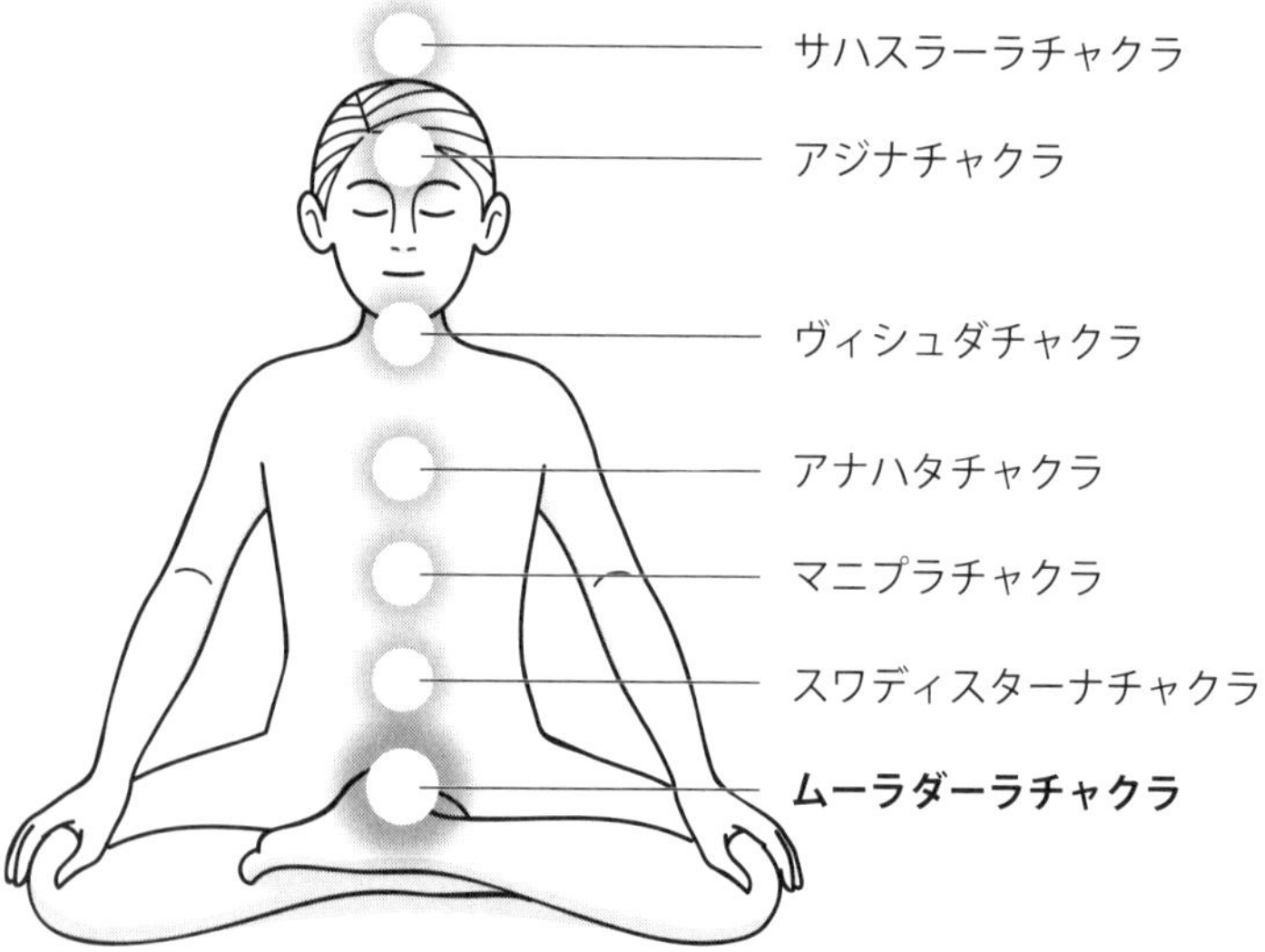

器のコントロール、子孫を繁栄させながら守る動物的次元の心身的本能や機能、人間以前の動物的次元の段階での宿業（カルマ）の貯蔵、嗅覚のコントロールなどが特徴です。

　すなわち、自分自身の生命を維持することを始めとし、子孫を残していくために大事なチャクラでもあると理解すればよいでしょう。

　ここのチャクラが活発に活動していない場合は、男性であれ、女性であれ、生殖器官に関係する部分に異常を示す病気になることが多いのです。また、子孫に対する問題や夫婦間の問題、さらには、家庭内の争いが発生することがあります。また、異性間に何らかの問題が起こり、トラブルが発生することもあります。

特に女性の場合は、卵巣や子宮、乳腺など、子供を産み育てていくために大事な臓器や生殖器官に異常がある場合が多いので、注意が必要です。

さらに、異性に対して恐怖とまではいかなくても、不信感などストレスを感じることもあります。

その他に、不妊治療などを試みても子供を授からなかったり、後継ぎ問題が生じたりするのも、このチャクラが原因の場合が多いです。子供を産み育て、自分の遺伝子を残すという希望が叶えられないのです。子供をないがしろにし、虐待をする場合なども、このチャクラの活動不全が含まれていると考えられます。

ムーラダーラチャクラが覚醒して活発に活動するようになると、先に述べた様々なトラブルが解消されます。さらに機能などが格段に洗練され、よい意味で活発になります。

他のチャクラに対してムーラダーラチャクラが優位に活動している場合には、人間として最も大事であるとされている、自然の法則に則した自然なる愛についてまったく関心を持たなくなります。また、自分自身で気がつくこともないようです。これはムーラダーラチャクラが動物的次元に位置することに由来しています。

さらに、このチャクラの活動が、最も近い位置にあるスワディスターナチャクラの特性の影響を受けている場合には、頑固で融通が利かなくなります。これはスワディスターナチャクラの特性が表面化しているからです。

チャクラの活動は、どこのチャクラであっても、位置が近いほど特性が類似していて、互いに影響を与えながら活動をしています。

スワディスターナチャクラ

第二のチャクラで、へそ下5センチメートル辺りの関元にあるとされています。一般的には、下丹田と呼ばれています。

第一のチャクラと関連していて、その第一のチャクラの特性と酷似しています。泌尿生殖器のコントロール、動物としての本能的に働く無意識的機能、前世からの宿業（カルマ）や自我意識の蓄積、味覚のコントロールなどが特徴として挙げられます。

スワディスターナチャクラが覚醒すると、前記した機能などが洗練され、よい意味で活

スワディスターナチャクラの位置

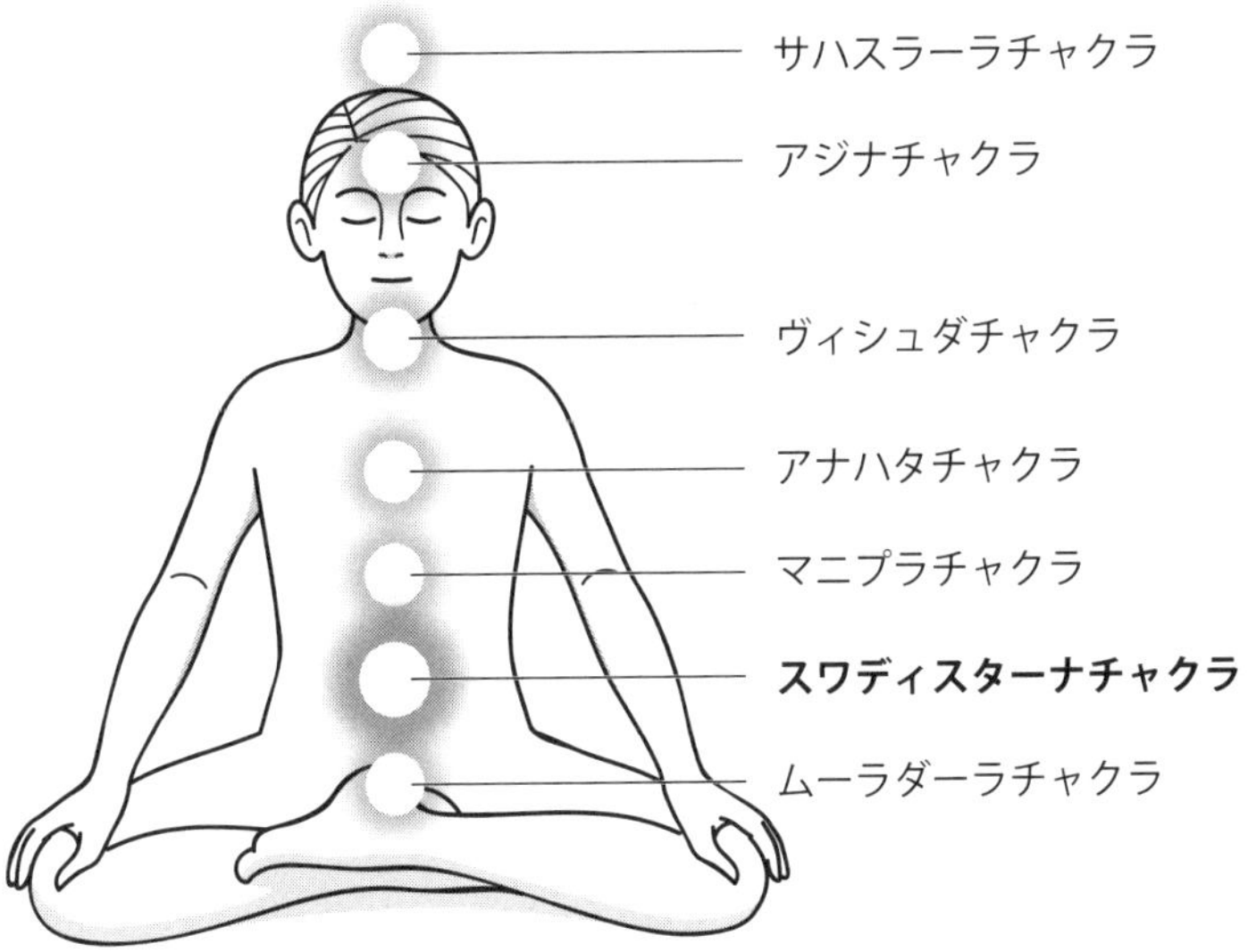

発に活動するようになります。

ただし、動物的次元の本能である無意識的な機能が活発になると同時に、動物的本能である性的機能も増すので、性欲や色欲のコントロールができなくなり、取り返しのつかないことが起きる可能性が大きくなります。そのため、特に注意が必要です。

取り返しがつかないような事態を避けるためには、人として、自分自身の意識をコントロールする能力が必要となります。

しかし、このスワディスターナチャクラは、体の持っている根源的な性的エネルギーの中枢部であり、このチャクラを十分に活動させて活用できないと、上位次元には上がれないのです。

そこで、他の各チャクラを覚醒させるためには、特に重要とされています。


また、このチャクラは、無意識を司るチャクラとされています。無意識的に働く自我意識が本能のままに行動した場合には、精神的に不安定になります。さらに色欲的にも無意識に活動するため、意識的に制御し、コントロールすることが大変難しいです。

そこで最初に、額のところの中央部付近にあるアジナチャクラを活発に活動させておくとよいでしょう。動物的本能や感情を制御し、各チャクラを理性のもとにコントロールできるとされているチャクラです。このチャクラが活発に活動すると、人として、難なく乗り切れるとされています。

その他には、神の次元に通じるとされているサハスラーラチャクラにもアジナチャクラと同様のコントロール能力があります。そのため、どちらかのチャクラの活動を確認してからスワディスターナチャクラの覚醒に挑戦することが大事です。


スワディスターナチャクラが、先天的に不安定ではあるものの活動している方や、瞑想修行などを実践した結果、不安定ではあるが活動が始まった場合には、次のような特徴が起こります。

①自分の考えや意見に対して固執し、融通性がなく、頑固になることが多くなります。

②無意識的ではありますが、本能的欲望が優先するようになります。ただ、その自覚が難しい。たとえ自覚があったとしても、正面から受け止めることが少ないので始末が悪いのです。特に、色欲的な面が表面化するので注意が必要です。

③自己閉鎖的であり、自分の意見を認めてくれる人に対しては極端に信用しますが、自分の意見に反対した場合は、その人に対してでも途端に攻撃的になります。癒しを実施している方が、自然の法則に則した自然なる愛について話そうものなら、途端に手のひらを返したように振る舞うことがあります。

④妄想を抱いたり、現実離れしたことを考えたり、落ち込んだりする傾向が極端なほどあります。その妄想も色欲的なものが多く、異性に対して色欲を満たすことを期待する面と、逆に恐れる面とが混在しています。そうした衝動を自分自身で制御し、コントロールできなくなることが多くみられます。

⑤強情になります。自分の考えが定まっていないので、周囲の環境の影響を受け、取り返しのつかないような、人騒がせな行動をとることがあります。

⑥形があるものでも、ないものでも、著しく物や物事に執着している場合があります。特に、財産やお金に対して異常なほど執着心が強くなります。しかし、自分自身では気づくことはほとんどありません。ところが、それを他人から指摘されると、想像もできないほど攻撃的になることがあります。

幼少期に虐待などを受けた経験がある場合や、また両親がどちらかでもいじめられていたり、ないがしろにされていたりしていることを目撃しているケースでは、極端に警戒心が強く、誰に対してであっても簡単には心を開くことは少なくなります。

このような方々の場合は、チャクラや心を開こうと努力をすると、得体の知れない、極端な恐怖体験をします。そのため、施術する側は、なぜその人が恐怖体験をするのかを理解し、自然の法則に則した自然なる愛を持って対処して、さらなる細心の注意を払わなければなりません。

スワディスターナチャクラが、第一のチャクラであるムーラダーラチャクラに傾いて影響を受けている場合には、人間的に未熟であるため、自然の法則に則した自然なる愛についてなどまったく興味を示すことがありません。

それに対して、第三のチャクラであるマニプラチャクラに傾いて影響を受けている場合には、むしろマニプラチャクラの特性が表面化してきます。

注意し、自覚しておかなければならないのは、チャクラの活動が始まり、特に覚醒が始まりかけた状態のときです。どこのチャクラであったとしても、必ず良い面もあれば悪い面も表面化します。

ですから、チャクラを覚醒させるためには、自然の法則に則した自然なる愛の心が必要なのです。この件は、おろそかにされやすいのですが、絶対に間違ってはなりません。それこそ世間を騒がすほどのことを、平気で行うようになりますので、注意が必要です。

マニプラチャクラ

第三のチャクラは太陽神経叢とも呼ばれ、へその周辺部にあるとされています。消化器

マニプラチャクラの位置

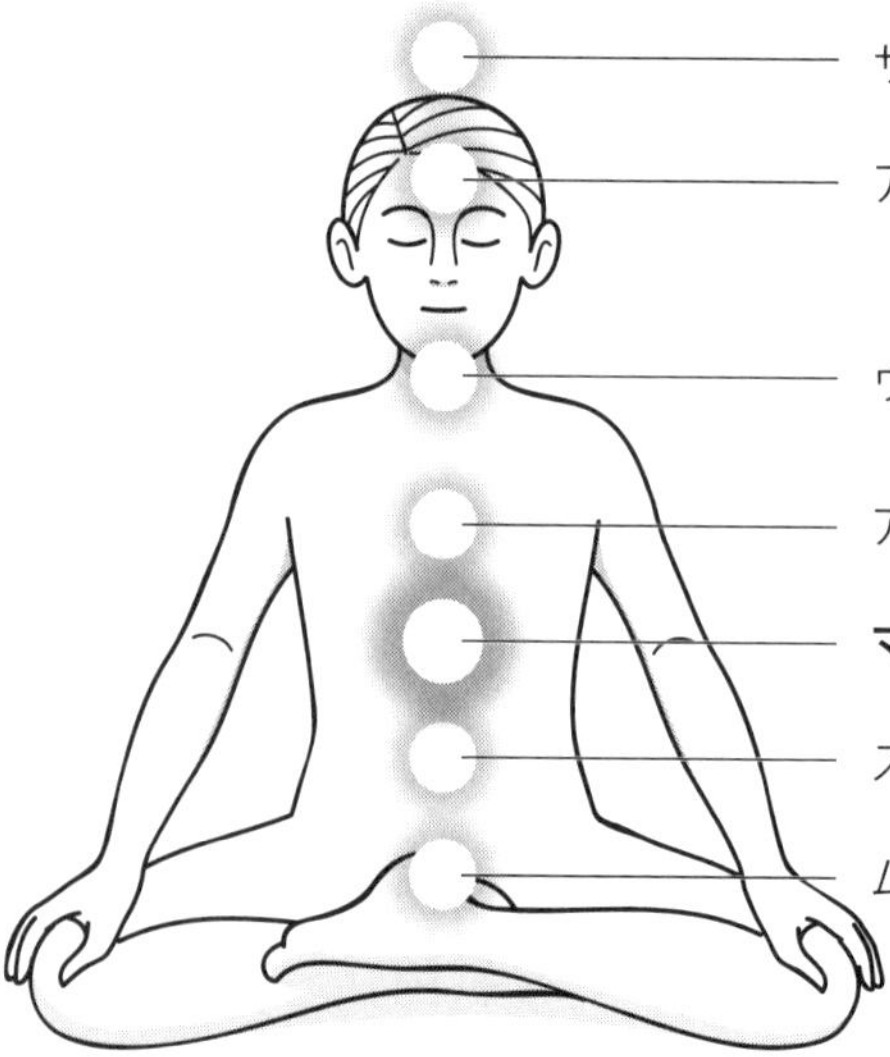

系に関する臓器、特に胃や脾臓のコントロール、感情や想像、心のあり方や思いやりのコントロール、外部からの様々なエネルギーに対する超感覚的コントロール、視覚のコントロールなどが特徴です。

マニプラチャクラが覚醒すると、先述した機能などが洗練され、よい意味で活発に活動します。感情や想像、心のあり方の機能が活発になると同時に、外部からの様々なエネルギーに対する超感覚的機能も増すため、感情や他人に対する心のあり方が豊かになります。

ただし、心のあり方が不安定になっ

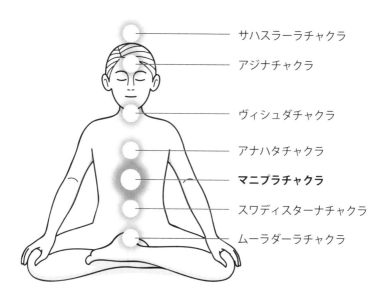

たり、妄想や空想で心の混乱が生じたりする場合がありますので注意してください。

マニプラチャクラがある程度先天的に活動をしている方の場合は、周りの方々の性格や感情をある程度読み取ることができます。よって、その読み取った感情などのエネルギーから影響を受け、自分自身が考え過ぎ、パニックになることが多いのです。

要するに、他の方々が発する感情的エネルギーに反応し、自分自身には関係がないにもかかわらず、自分に対しての精神的重圧として受け止めてしまうのです。そのことでパニックとなり、精神的な悩みが生じたり、精神が不安定になったりすることが多いのです。だからこそ注意が必要です。

他の方々から見たなら何でもないことでも、本人にとっては重大なこととして受け止めてしまうのが、マニプラチャクラが活動しているときの特徴です。

マニプラチャクラを覚醒させるためには、感情や心のコントロールが必要とされています。

精神的な悩みなどで、私のところを訪ねてくるほとんどの方は、このチャクラがある程度活動していることが多いのです。外部からの様々な圧力的エネルギーによる影響を受け、感情や心の安定が得られなくなっている状態です。些細な事柄に対して反応し、ストレスを造り出してしまっているのです。

マニプラチャクラが活動してくると、このチャクラと関連のある胃や腸に病気や異変が出やすいように感じます。要するに一般に言われている「胃が痛い」や、「便秘になる」などです。さらにパニック症や引きこもり、不登校、うつ病、線維筋痛症などの発症にも影響を与えている気がいたします。

マニプラチャクラに特徴のある方の場合、過去のことを認めて許すことができず、様々な得体の知れない恐怖に襲われ、想像もできないほど苦しむことがあります。

マニプラチャクラが、第二のチャクラであるスワディスターナチャクラに傾いて影響を受けている場合には、精神的に未熟であるため、自分の命さえ絶とうとする場合もあります。十分に注意を払わなければなりません。

それに対して、第四のチャクラであるアナハタチャクラに傾いて影響を受けている場合

アナハタチャクラの位置

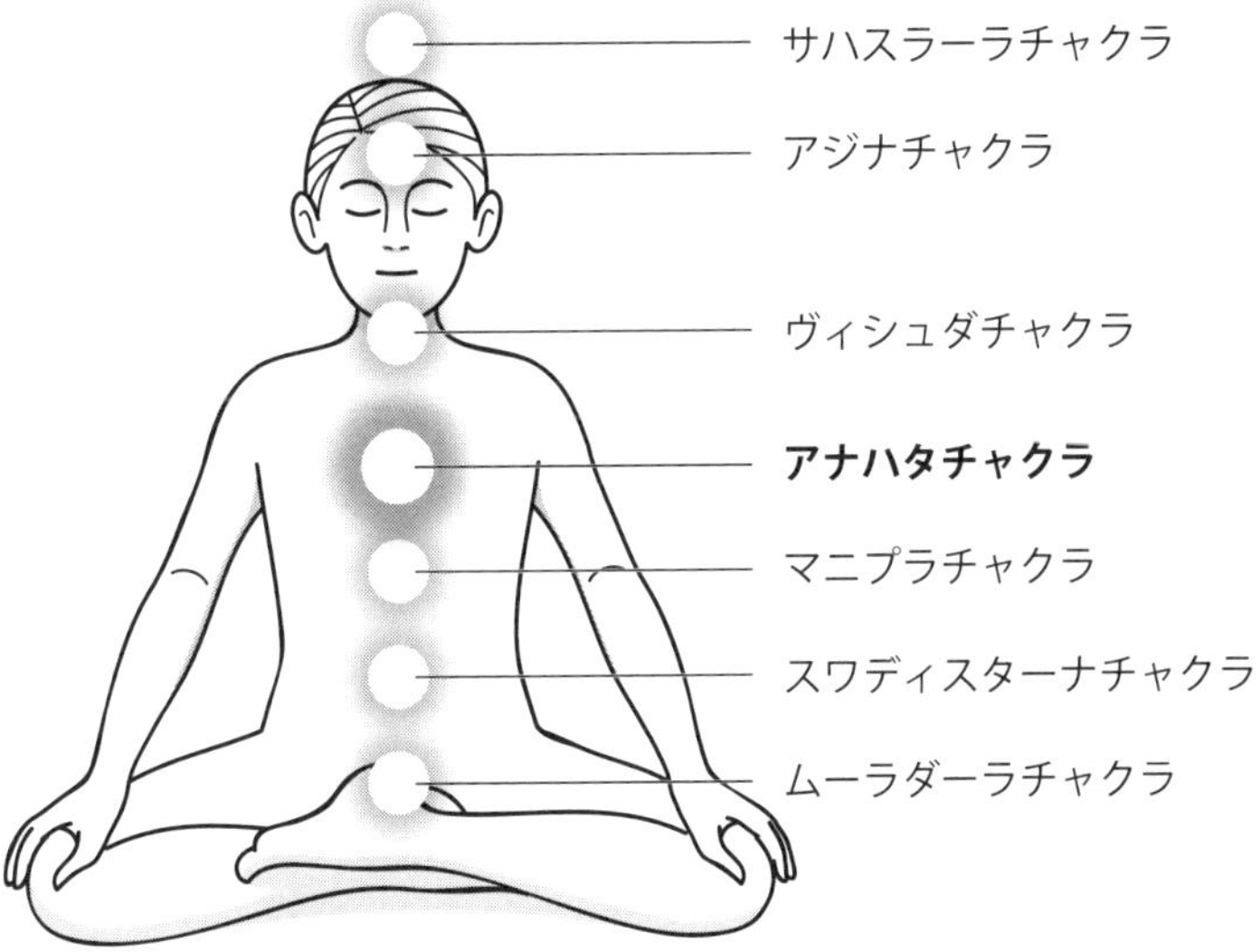

には、むしろアナハタチャクラの特性が表面化してくるように感じます。

アナハタチャクラ

第四のチャクラは、心臓のチャクラや中丹田などと呼ばれます。また自然の法則に則した自然なる愛のチャクラなどと呼ばれる場合もあります。チャクラのある場所は胸の真中、体前面中心線と両乳頭を結ぶ線との交点だとされています。

その特徴は、心臓循環器系のコントロール、真理の直感、沈黙の声を聞く能力などがあります。また、自然の法則に則した自然なる愛の働き、外側に対してのエネルギーの放出（攻撃的と表現してもよい）、触覚のコントロールなども見られます。

アナハタチャクラが覚醒すると、先述した機能などが格段に洗練され、よい意味で活発に活動します。ただし、自然の法則に則した自然なる愛に対する意識機能が活発になると同時に、自然なる愛に対する意味での反対の機能も増すことがあるため、注意が必要です。自然の法則に則した自然なる愛に対して、非常に積極的になるのはよいのですが、反対に、攻撃的な面も同時に増してくるのです。

しかもこのアナハタチャクラは、とてつもない強い意志のもとで覚醒します。覚醒後においては、どのような能力者であっても、もちろん当人であっても、そして誰であってもコントロールができなくなります。取り返しがつかなくなることがありますので、特に注意すべきです。

アナハタチャクラを覚醒させるのには、自然の法則に則した自然なる愛が最も大事です。笑顔を忘れず、楽天的に振る舞い、他人のために尽くすこと、です。

アナハタチャクラが覚醒すると、このチャクラの特徴である「外部に向かって攻撃する能力のエネルギー」と、「自然の法則に則した自然なる愛の心のエネルギーが相まったエネルギー」を、外部の様々なモノや人物に対して影響を与えながら制御し、コントロールできるようになると言われています。つまり、そのエネルギーを利用することにより、病気の癒しができるようになるのです。

アナハタチャクラは心臓に対応しているため、ある程度の覚醒をみないうちに病気への施術や神霊治療などを実施すると、心臓の機能などに異常な状態が出てくることがあります。そのため、注意が必要です。物理的次元のエネルギーを駆使しながら施術をする気功治療や、レイキ治療などを実施する場合は、特に注意をすべきです。よって、心臓の具合が正常でない場合などには、病気の癒しは控えなければならないのです。

この事柄は以前よりよく知られています。例えば手かざしや気功治療などをしていた方が、心臓に障害が生じて、急に命を落とすことがあります。それはこのためなのです。

アナハタチャクラの攻撃的な面が優先した場合、他の方々を騙すことなどは平気になります。騙した本人も、騙したこと自体を悪いこととして認識しません。まったく反省することもないのです。反省しないどころか、この行為は正義であると主張し、他人の命さえ奪ってしまうことすらあり得るのです。

私のように手をかざして癒しをする場合には、特にこのアナハタチャクラが重要とされます。無償の愛が大切とされるのです。ただ、間違ってならないのは、確かにアナハタチャクラは、病気の癒しには絶大なる能力を発揮しますが、同時に非常に攻撃的な能力もあるということです。

アナハタチャクラが、第三のチャクラであるマニプラチャクラに傾いて影響を受けている場合は、外部からの様々な精神的、そして外圧的エネルギーの影響などがあり、そのエネルギーに対して反応します。対処しきれずパニック状態となる場合もあるのです。注意をしてください。

それに対して、第五のチャクラであるヴィシュダチャクラに傾いて影響を受けている場合は、むしろヴィシュダチャクラの特性が表面化してくるように感じます。

ヴィシュダチャクラ

第五のチャクラは喉のチャクラとも呼ばれます。場所は咽喉の甲状腺の対応部分です。

ヴィシュダチャクラがもたらす特徴としては、呼吸器系のコントロール、心身の浄化作用、免疫に関する作用、過去現在を知る能力、聴覚のコントロールなどです。

ヴィシュダチャクラが覚醒すると、前記した機能などが格段に洗練され、よい意味で活発に活動するようになります。

ヴィシュダチャクラを覚醒させるためには、マントラを唱えるとよいと、多くの書籍に記されています。そして多くの方々が実践をしています。

しかし、十分な期間と心の準備もなく、ヴィシュダチャクラを覚醒しようとして急激に変化を求めると、精神や感情、肉体までもが急激なエネルギーの変化に対応できず、頭痛や得体の知れない恐怖体験など、様々な苦痛が生じることがあります。

その現象は、一般に偏差現象とか、火車などと言われます。その現象を起こして悩まされている方がときどきではありますが、私のところを訪れています。その原因を探ってい

ヴィシュダチャクラの位置

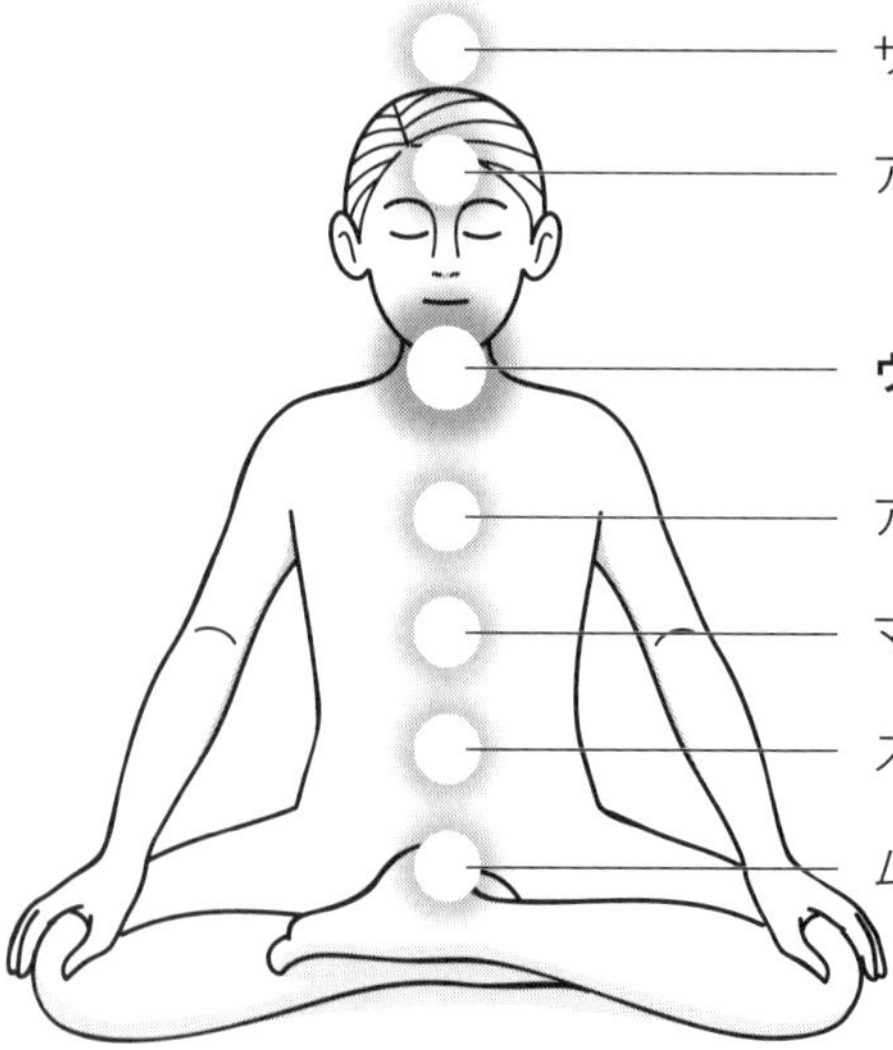

ると、マントラを唱えている方が実に多いのです。

あまりにも急激にチャクラの覚醒やクンダリニーの上昇体験を求めようとするため、著しく肉体や精神に対してストレスを与えてしまっているのです。そのため、パニックを起こし、肉体的にも精神的にも異常な状態が発生しているのでしょう。

その他には、能力の開発を目的に、呼吸法や瞑想修行、断食などを計画もなしに実施している方にも、同様の現象が見られます。

ヴィシュダチャクラの働きが安定せ

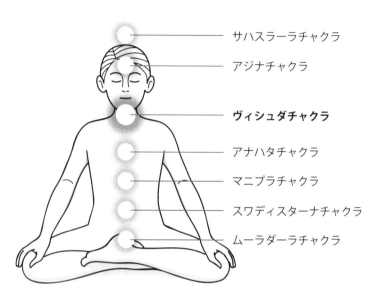

ず不安定に活動している場合には、心身の活動が弱く感じることがあります。要するに、自分自身を守る防衛機能が弱く、免疫機能の働きが貧弱なのです。ヴィシュダチャクラは、甲状腺の働きにより、外部からの細菌や体内の細菌などに対抗する働きを司っています。胸腺の働きと類似しています。

花粉症などのアレルギー性の悩みも、ヴィシュダチャクラの機能が活発に活動せず、働きが貧弱なため、過剰に反応するのでしょう。また、風邪や喘息などに悩んだりと、呼吸器官に関する影響もあると思われます。

ヴィシュダチャクラに関する病気などになっている方々を施術した場合には、下部のチャクラの場合と比較して、極端に早く改善されます。喉の詰まりの変化や声質の変化があり、声が出にくくなったりする好転反応らしき現象があります。倦怠感などが激しく出てくると同時に、胸が圧迫されたように感じる方もあるようです。圧迫されているように感じたとしても、大丈夫なのですが、心配する方もいらっしゃいます。

ある程度このチャクラの活動が活発化し、覚醒が始まると、声質が他の人々を惹きつけるように変化します。感動を与える、素晴らしい能力を持つようになります。要するに、歌手やアナウンサーなど、声に関する仕事で成功するためには、重要なチャクラであると言えます。

アジナチャクラ

第六のチャクラは、第三の目や上丹田などと呼ばれます。場所は眉と眉の間の部分です。アジナチャクラの特徴としては、心身全体のコントロール、知的作用に働きます。カルマ（宿業）の世界を超えた世界に達し、神霊と一致するとされています。アジナチャクラが覚醒すると、先述した機能などが格段に洗練され、よい意味で活発に活動するとされています。

アジナチャクラが覚醒すると、カルマを超えた世界に行けると言われ、大変重要視されています。その意味では、最も大事なチャクラかもしれません。

また、すべてのチャクラに対しての調整、よい意味でコントロールする影響力を持っています。様々な現象に対する理解や解決策が得られるため、最初に活動させることが必須とされています。

アジナチャクラの位置

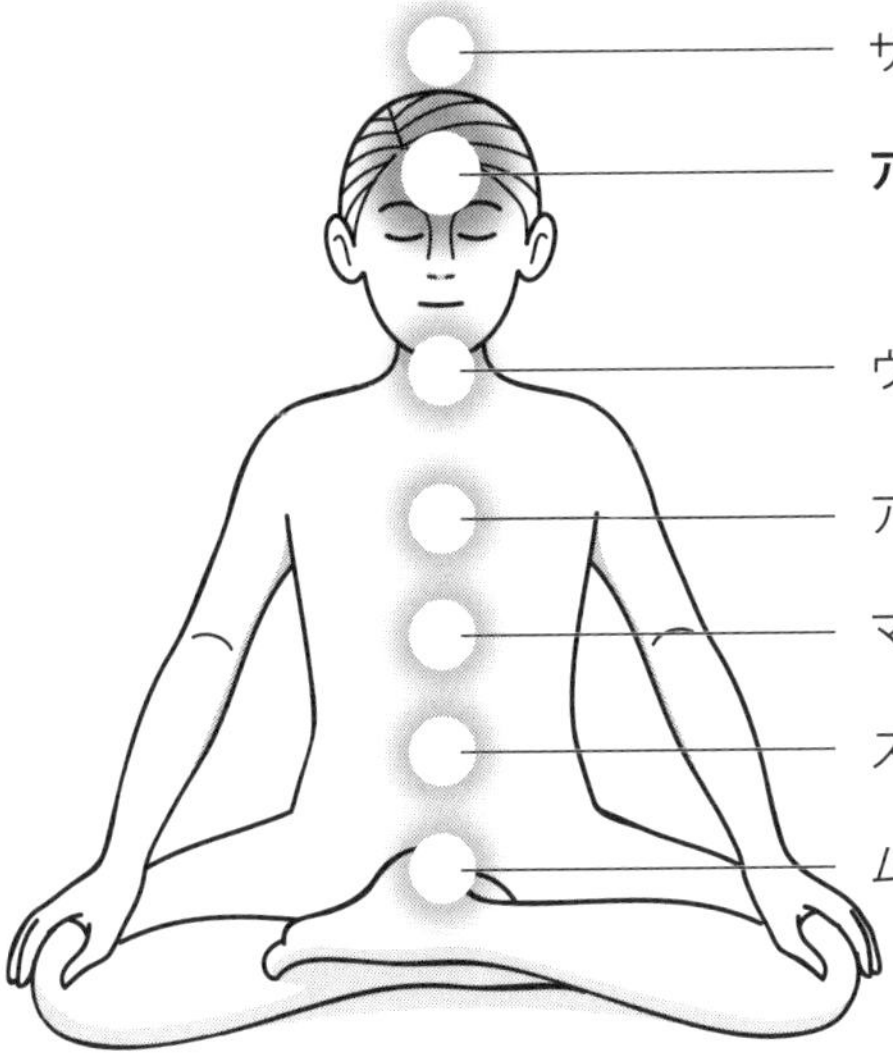

さらにアジナチャクラは、脳内の松果体や中枢部に直結していると言われています。精神的なことに対してはもちろんのこと、肉体的に対しても、そしてあらゆる記憶や事柄に対しても、正常なる行動や自我意識をコントロールするためにも、最も重要であるとされています。

アジナチャクラの覚醒がある程度始まると、自分の希望や願い事が自然たる神に届き叶えられると言われています。

反対に、アジナチャクラの機能が劣っている場合は、体力や記憶力が低下

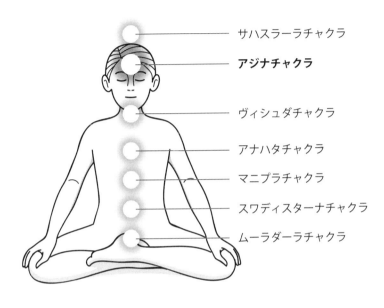

します。すべての事柄に対して健全な状態とは言えなくなるのです。神の心に近い人間としての機能も劣っていることにもなります。希望や願い事が叶えられないどころか、一般的に言われる「運」などにも障害が出てきます。

極めて重要な注意点としては、アジナチャクラが活発になり、覚醒が始まると、神様の声や自我意識の声を聞くようになるとされていることです。確かに、神様からの声が聞こえるようにも感じるかもしれませんが、それは誤りです。アジナチャクラが覚醒して、クンダリニーが上昇した経験のある私に言わせれば、絶対にと申してよいくらい、神様の声や命令、指示ではないと断言できます。

毎日のように聞こえてくる事柄を注意深く聞き、判断したところでは、確かに声として聞こえてはきます。しかしそれはあくまでも、自分自身が常日頃強く望んでいた事柄の内容への応えです。反対に、極端に恐怖として感じていた事柄や、いま抱えている問題への応えが出ている場合もあります。

すなわち、意識の中で常日頃から考えている事柄が、潜在意識に対して無意識的に働きかけ、それが結果的に、様々なる声として聞こえてくるものと推測されます。

このことは、くれぐれも間違ってはならない重要な事柄です。それこそ、勘違いをすることにより、取り返しのつかないことが起こり得ます。「神様の命令である」などと思い込んで起こす犯罪は、この類に該当するのです。一種の催眠状態と言えるでしょう。


ところで、ムーラダーラチャクラやスワディスターナチャクラがある程度活発に活動しなければ、アジナチャクラの活動が始まらないとされています。表裏一体なのです。

要するに、アジナチャクラの活動が活発になり、覚醒が始まると、ムーラダーラチャクラやスワディスターナチャクラの活動が始まります。したがって、まず、アジナチャクラを活発にさせることが大事なのです。

なぜなら、ムーラダーラチャクラやスワディスターナチャクラが活動を始める際の、無意識のエネルギーの暴走を制御するためにも、アジナチャクラの特性である、他のチャクラを制御するための性質が必須だからです。

自分自身の感情や自我意識から解放された状態になっていないと、アジナチャクラは覚醒するのが難しいとされています。病気を簡単に改善させるためには、自然の法則に則した自然なる愛が大切であると言われているのと同じです。要するに、神の心の意識に近づかなければならないのです。

アジナチャクラがある程度活動が始まることにより、感情や自我意識からの解放が開始されます。自然の法則に則した自然なる愛に対することが、理解できるようになります。他の方々が悩んでいることに対し、自然な形で助けたいという心の状態になります。自分自身の利害関係に縛られることなく、自然な状態で行動できるようになってくるのです。

サハスラーラチャクラ

第七のチャクラは王冠のチャクラなどと呼ばれます。場所は頭頂部にあります。その特徴として、心身全体のコントロールや知的作用、人間より高い次元の存在への移行や、悟りに関するものなどが挙げられます。

サハスラーラチャクラが覚醒すると、先述した機能などが格段に洗練され、良い意味で

サハスラーラチャクラの位置

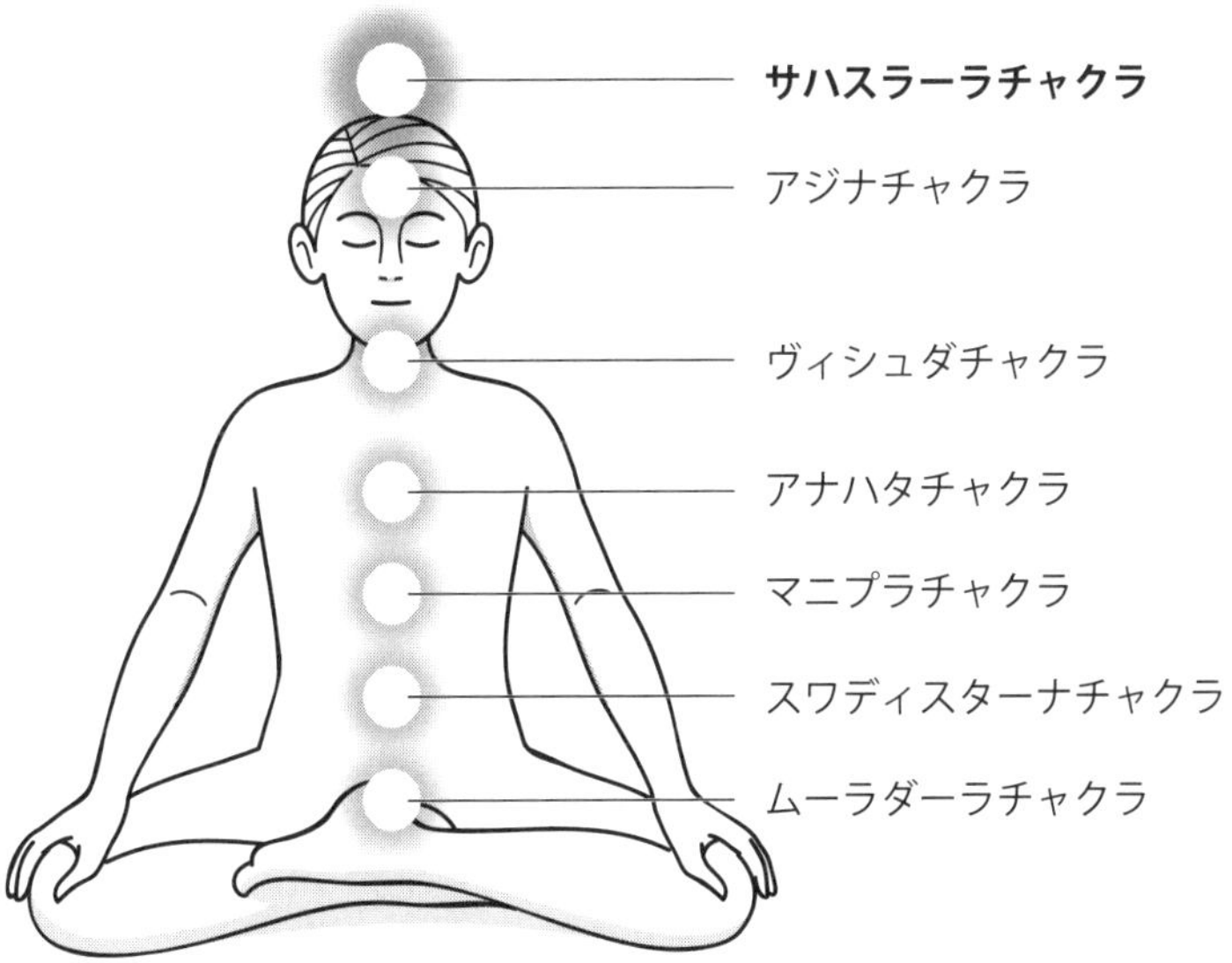

活発に活動します。

ただ、サハスラーラチャクラを覚醒させようとする場合には、より一層、自我意識や心がけが大事になってきます。神様とは何であるかを認識し、そして神の意識と同程度に自分自身の意識を制御することができた場合に、サハスラーラチャクラの活動が始まり、覚醒が始まると考えられます。

そして、絶対に注意しなければならないことがあります。それは、サハスラーラチャクラは神の次元に到達するために最も大事だとされているということです。

アジナチャクラも重要ですが、サハスラーラチャクラは、宇宙に存在するすべての事柄に対して対応しているとされています。人間のすべての事柄を司ると言っても言い過ぎではありません。

要するに、神様の次元に到達できたり、悟りの境地に到達できたりするなどと述べられているチャクラです。最も大事なチャクラとして扱うべきでしょう。


サハスラーラチャクラの覚醒が始まると、アジナチャクラの覚醒が始まったときと同じく、神様の声と思われるものが聞こえてくる現象が頻繁に起こってきます。くれぐれも勘違いを起こさないよう、十分過ぎるほどの注意をしてください。

また、サハスラーラチャクラを覚醒させるためには、やはりアジナチャクラと同様に、心のあり方や自然の法則に則した自然なる愛が最も大事であるとされています。

第 3 章

私が体験した「チャクラの覚醒」

私の体験を忠実にお伝えしたい

この章では、チャクラが覚醒し、クンダリニーの上昇した体験、その後の様々な現象について記載していきます。

私自身が体験したことを、忠実に表現しているつもりですが、なにしろ多種多様の現象が複雑に絡み合いながらであったため、簡単に理解することが難しいかもしれません。

もし皆さんがチャクラの覚醒や、クンダリニーの上昇を志すのであるならば、ぜひ参考にしてください。ただし、必ずしも私の数々の体験とは一致しないかもしれません。しかし、類似している現象や体験が必ずあるはずです。

なぜなら、これまで私のところへ来て、施術を受けた方の中には、チャクラの覚醒やクンダリニーの上昇を経験した方がいます。その方を注意深く見守っていると、私とまったく同様とまでは言わないものの、大変よく似ている体験をされていることが多いからです。

私のムーラダーラチャクラの覚醒について

１９９3年の春頃から、私は様々な色の強烈な光を見たり、感じたりするようになりました。

さらに約半年後ぐらいからだと記憶しているのですが、座禅を組んで瞑想をしていたとき、会陰部辺りが、そうですね、何とも表現が難しいのですが、むくむくするような、ピリピリするような、すかすかするような、もぞもぞするような、変な感じがしました。

その後、尾てい骨辺りが音をたて始めたのです。

そう、何と表現したらよいのか、ゴツゴツというか、ゴトゴトというか、骨が動いてこすれるような、鈍い変な音がするのです。本当にすごく響く音なのです。

さらに、しばらく経った頃から、今度は尾てい骨辺りから背骨にかけて、何か隙間風のような、水のような冷たいものが、体を上下している感覚が1年半ぐらい続きました。

後で考えると、この冷たい感じがクンダリニーの活動の始まりであり、上昇活動の始まりであったのかもしれません。

その後、腰の部分から背骨にかけて非常に冷たくなっていきました。冷たさをたとえてみると、室温が30度近くある部屋で、座禅を組んで腰の周りに毛布を何重にも巻きつけても、異常に寒く感じるほどの冷感なのです。

多くの書籍などには、温かい感じがすると書かれています。しかし、すべての人が温かく感じたり、熱く感じたりするのではないのかもしれません。


クンダリニーの活動が始まったと思われる最初の頃は、下腹部が本当に冷たく感じました。さらに瞑想修行を続けていくうちに温かさが増してきました。これで一安心と、ほっとしたことを思い出します。

後ほど、ある書物を読んでいたところ、冷たい感じは、長い間トランス状態になっていた場合になりやすいと書いてありました。ところが、私の場合、そのようなトランス状態になっていた記憶がなかったので、大変不思議でした。


その後しばらくして、マニプラチャクラとサハスラーラチャクラの覚醒が始まり、クンダリニーの上昇が本格的になったときに、一気にムーラダーラチャクラが覚醒しました。現在であっても、意識をすると、音はしませんが、先述と同じような変な感じが続いています。その他、表現が難しいですが、暖かいような、内部の細胞が極端に活動しているような、何とも不思議な感覚が継続しているのです。

私のスワディスターナチャクラの覚醒について

しばらく前から、下腹部辺りが異常に硬くなっていることには気づいていました。眠りから覚め、ぼんやりとしてリラックスしていたときに、今日はいつもより下腹部がさらに硬くなっていて、変な感じがするなと思いました。

そのうちに、スワディスターナチャクラのある辺りの表面から、黒いもやもやとした雲のような塊がたくさん出てきたのです。

しばらく、その雲のような塊を観察していると、今度は、その下腹部の表面に大きな口が開きました。私の体の大きさに比べて、数百倍とも言えるぐらいの多くの黒いもやもやとした雲のような塊が、開いた口からものすごい勢いで出てきました。先に出ていた黒い塊と一緒になり、空中に放出されました。

その直後、なぜだかわかりませんが、どうしたらよいのかわからないぐらい、全身が大変だるくなりました。倦怠感と同時に、体温が急激に上昇し、全身の内部に熱がこもったように感じました。


しばらくすると、体のだるさが取れ、体温が落ち着いてきました。すると今度は、不思議と体や気持ちがすっきりとしてきて、軽くなりました。

以前は、睡眠時間を8～9時間以上とっていたのですが、スワディスターナチャクラの覚醒が始まった頃からは、5～6時間眠れば平気になりました。本当に少ないときには、4時間ほどの睡眠でも大丈夫になったのです。さらには、いくらでも、休まずに仕事ができるような気分にもなったことを覚えています。

またこの当時、夜中に目が覚めると、必ずしも霊であるとは断定できませんが、頻繁に霊のようなものが見えたり、感じたりする現象がありました。しかし、現在ではまったくそのような現象は起きません。

その後、瞑想をしていると、大量ではありませんが、スワディスターナチャクラの部分辺りから、握りこぶし大の、黒いもやもやとした雲の塊のようなものが、次々と連続して出てくるのを、何度も見たり、感じたりしています。

他のチャクラの場合、様々な光やエネルギーが、チャクラのあるとされる部分から直接出て行くだけでなく、入ってくることも確認しています。ところが、スワディスターナチャクラの場合、出ていったことは確認しているのですが、様々な光やエネルギーが入ってきたとの感覚は、現在のところありません。

余談ですが、後でよく考えると、その開いた口が閉じたのかについては、どうもあまり記憶になく、現在でもよくわからないのです。

私のマニプラチャクラの覚醒について

その頃のことですが、体調が悪く、悩んでいたときがありました。すると、マニプラチャクラ辺りの腹部の内部が最初に熱くなり始めました。やがて、ボコボコと沸騰しているように音が聞こえ、そして感じたのです。その直後、たとえる言葉がないほどに、腹部の内部が高温になり、異常というほどお腹が張ってきたのです。

その次は、腹部の内部が真っ赤に見えてきました。その真っ赤な部分は炎です。最初は小さな炎だったのですが、だんだんと大きくなっていきます。その炎が、今度は異常というほど張っていた腹部を突き抜けて、外部まで吹き出してきたのです。

腹部の内部も外部も、真っ赤な炎の海のようです。しばらくすると、真っ赤な炎は青白い炎に変化をしました。今度は、その青白い炎が全身を包み込み、さらに全身の内部からも、青白い炎が噴出してきました。

そのときに起こった様々な体験は、常識ではまったく考えられないことばかりです。表現できないほどの恐怖感を覚えました。

なぜなら、苦しいだけなら我慢もできます。しかし、腹部の中が急激に熱くなり、沸騰するように感じました。腹部や体の中に発火するものなどはないはずなのに、炎が腹部の中で燃え出し、その炎が腹部から外部に噴出するのです。さらに、自分の体が燃え出すなどの現象は、常識では理解できません。いかほどの恐怖体験であったか、想像していただけるでしょうか。

そのとき私は、恐怖におびえながらも、これは体の中に滞っている、汚れている自我意識やエネルギーを燃やし尽くしているのだと感じたのです。

青白い炎をしばらく見つめていると、今度は、透明に近い炎となって燃え続けました。

この現象は、はっきりとはわかりませんが、約2時間半から3時間は続いていたと記憶しています。ただし、私としては、あまりにも劇的であり、不思議な事柄のため、途方もないほど長い時間として感じました。

その後、クンダリニーの上昇と思われますが、体の中心部を下方向に、炎の柱が立ったような状態になったのです。そのとき、炎で体が焼き尽くされてしまうのではないかと大変不安になっていたことを思い出します。

そして、マニプラチャクラに関係のある脾臓系が正常に機能する状態になりました。胃や腸の機能がよくなり、下痢や便秘が改善してきたのです。

私のアナハタチャクラの覚醒について

眠りから覚め、ぼんやりとしてリラックスしていたときでした。以前よりときどき胸元が何かに押さえられているように感じることや、変な圧迫感のある痛みがあったのですが、「今日はいつもより胸元が何かに押さえつけられている感じが強いな」「いつもより胸元が何となく痛いな」と思っていたら、何だか、おかしな声が聞こえてきました。聞き耳を立てていると、その声は数千人とも思えます。多くの人々の声が一斉に聞こえてきたのです。そのときの驚きは、表現することが難しいです。どのように書き記したらよいのか、まったくわかりません。

その直後、胸のアナハタチャクラの部分に、観音開きのように大きな口が開きました。そして、その内部より空中に、自分自身の体に比較して数千倍と言ってよいほどの量で、それこそ言葉では言い尽くせないほどの、大量の黒っぽい色をした塊が列をなして勢いよく吹き出しました。たとえることができないほどのスピードです。それは遠くのほうまで飛んでいきます。

その塊に注意して見ていると、何という不思議なことでしょう、正体は、人間の形をした、ごく小さいものの集合体だったのです。この塊は、自分の中に潜んでいた、よからぬ自我意識や、ストレスの元ではないかと思われます。

今度はその直後に、本当にきれいな様々な色をした光の塊が、口の開いたアナハタチャクラの部分から、自分の体の大きさに比較して、数千倍とも言えるほど大量に勢いよく入ってきたのです。

光の塊が勢いよく入ってきたのと同時に、体中が何とも言えないぐらい興奮しました。さらには、まったく表現ができないほど、嬉しくて、嬉しくて、感情が抑え切れなくなりました。

その直後、全身がとてつもなく熱くなりました。しかも、壊れてしまうぐらい勢いよく、本当に激しく、体のどこと言わずすべてが、勝手に動き出すのです。これは恐怖でしかありません。その後、癒しの能力が数段上がったというか、向上したというか、そのような気がしました。

それはまだ私が建築士として仕事をしていたときのことです。多くの方々を喜ばせたいと、ボランティアで、病気で悩んでいる方々を薬剤師の先生のところへ連れていったりしていました。あるときは私の住んでいる福島県にその先生を招き、多くの方々の相談にのってもらったこともありました。

アナハタチャクラの性質や特徴は、自然の法則に則した自然なる愛と、攻撃性の二面性です。私は元々の性格として、双方の面を持ち合わせていたのでしょう。

チャクラの覚醒は、その働きの特徴のある部分から始まるようなのです。要するに、自然の法則に則した自然なる愛のあり方や、心のあり方が最も大事ということです。

ところで、その開いた口が閉じたのかは、スワディスターナチャクラと同じで、どうもあまり記憶になく、現在でもよくわかりません。

私のヴィシュダチャクラの覚醒について

瞑想をしていたときのことです。不意に喉の辺りが不思議な感じで音をたて始めました。表現が難しいですが、ゴッゴッというか、ゴトゴトというか、骨がすれるような、鈍い変な音がしました。10日間ぐらい続いたと思います。すごく低く、響く音です。不気味でした。

その後、1996年の秋頃だと記憶しています。1993年の春に様々な色の、強烈な光を見たり、感じたりすることが始まって、3年半が経過していました。

一眠りしてふと目を覚ましたときや、瞑想をしたときに、心が鎮まり、リラックスした状態でした。喉の奥のほうから、あるいは腹の底と思える場所から、大きな声なのか、音なのかが聞こえるのです。言葉といえば言葉のような、うめき声のような変な音声がするのです。しかも、その音声は、その後、約4年間以上、ほぼ毎日、何度も続きました。

その音声に聞き耳を立てていると、どこかの国の言葉であるようです。確かにリズムがあるとも感じられます。不思議でなりません。そこで、もっとよく聞いていると、マントラのようでもあり、お経を読んでいるようでもあります。理解に苦しむばかりでした。その声らしき言葉は、意識して止めようとすると止まるのです。しばらくして、そのことを忘れて、再びリラックスしている状態になると、その声と思えるものが聞こえてきます。

夜もその音声は聞こえてきます。ぐっすりと眠ることができずに寝不足になりました。実に困ったことを記憶しています。

その声らしきものの音量は、私自身の普段の話し声と比較しても、大きい音声でした。私自身も驚いていたのですが、隣で寝ている妻はもっと驚いていたと思います。

その他に、その当時はすごく息苦しくなり、喉の詰まりが長期間ありました。

1999年の年末です。朝方に、神棚の前で座禅を組んで瞑想をしていると、他の方々が聞いていたら、あいつはおかしくなったと勘違いされるほど大きな音声が、うめき声や叫びのように出てきたのです。そのうめき声や叫びの音量は、例えば100メートルの距離が離れていても聞こえるほどです。私はびっくりしました。大声らしきものは、30分程度も続きました。その時間の長さにも驚かずにはいられませんでした。私が住んでいるところは田舎です。もし都会であったなら、何事かと大騒ぎになったはずです。

その後、これまでに悩んでいた喉の詰まりが改善してしまったのです。変な声が喉の奥のほうから出たり、腹の奥から出たりすることが続いていたのですが、喉の痛みは消え、本当にすっきりとしました。

私のアジナチャクラの覚醒について

第六のチャクラであり、第三の目と呼ばれるこのチャクラについては、これまでのような覚醒をして、口が開いたという衝撃的な自覚は現在のところはありません。

ただし、とてつもない、そうですね、太陽が1000個とは言えないまでも、とにかく強烈な光が、額の部分に入ってきたような体験は幾度もあります。その衝撃は恐ろしいほどです。避けることができるなら、避けたいと思うぐらいの恐怖です。

透明に近い、白い強力な光を見た場合には、最初に激しい下痢があり、しばらくすると今度は下血しました。大変驚きました。下血はあまりに大量で、便器が真っ赤になるほどです。いま思い出しても、背筋が凍ります。

また、強力な光のエネルギーが入ってきたと思えるときや、強力な光を見たときは、強力な光と自分自身が溶け込んで、和合し、一体となったように感じます。

アジナチャクラの部分を意識すると、何か空気でできた、幅の広いベルトを巻いているような、しびれているような感じがしてきます。また、色々な映像などを見ているような気がします。さらに、何と表現したらよいのか迷いますが、目には見えないのですが、何かの力が無理やりに私の中に入ろうとしているような圧迫感があるのです。

前述しましたが、アジナチャクラが覚醒すると、霊とか神様などの声が聞こえると多くの書籍には書かれています。

霊とか神様などの声と思われるものは、私も毎日のように聞こえるのですが、どうも、アジナチャクラか、サハスラーラチャクラから聞こえてくるようなのです。

その声と思えるものは、はっきりとして聞き取れるのですが、遠くからこだまするような、響くような感じで聞こえてきます。聞こえてくるというより、感じてくると表現したほうが正しいのかもしれません。

またさらに、私が何かの答えを求めようとして、意識の中で問うと、確かに返事がささやくように聞こえたり、それと同時に、心の中に浮かんできたりする場合もあります。そのささやくような声ですが、意識できるだけで、はっきりと音声として聞こえてきません。私の場合、今のところ、色々と多くの声が聞こえますが、ほとんどが自分自身を戒める内容です。自分自身の心の奥から、自我意識そのものの内なる声として、聞こえてくるような気がするのです。

例えば、「修行がまだ3段階は足らないから、このようにしたほうがよいぞ」とか、朝起きるのがあまり遅かったりすると、「早く起きろ。時間になったぞ。今日はよい天気のようだぞ」などと、聞こえてくるのです。

それから、自分の体から意識が外れ、何かを感じたり、見えたりすることがあります。

一瞬の間に数千キロメートルも飛んでいったり、元の場所に瞬時に戻ったりします。一般的な常識では考えられませんが、自分の希望する時代に行ったりできるのです。例えば、自分の子供の頃の様子や、人類がこの世に誕生する以前を見に行ったり、感じたりすることもできます。

それはどうも、自分の脳内にある、生物の遺伝子として、何代にもわたり記憶された部分を、見たり、感じたりしているようにも思えます。

最近では、瞑想などをしていると意識が外れることなく、色々な映像が見えるようになってきています。さらには、寝床で横になり、目を閉じてリラックスした場合や、瞑想を始めようとして目を閉じた場合などには、すぐに自分自身の肉体が消え去ったようになり、意識だけになります。自分がどのような姿勢で寝ているのか、それとも座っているのか、わからなくなります。

また、自分の肉体があるはずなのですが、透明になっていて、何もないようにも感じるのです。例えば、目を閉じた場合には、確かに五感で肉体を感じてはいるのですが、意識上には浮かばないのです。ですから、自分の肉体は、意識としては存在すると感じているのですが、肉体としては感じていないと言えばよいでしょうか。このようなことは信じられないかもしれませんが、私は確かにそのように感じるのです。

その後、一瞬にして意識が消え去り、様々なものが見えたり、感じたりします。現在では、あまり恐怖感はありませんが、最初の頃は、一瞬に意識が消え去るときの恐怖感については、耐えがたいものがありました。

その一瞬に意識が消え去るとき、自分の意識はもちろん、形あるものも、形がなく見えないものまで、すべてが消えるのです。つまり、宇宙全体が一瞬に消え去るように感じるのです。それは想像することができないほどの恐怖感です。

そう、この世のものすべてが一瞬に消えたと感じるのです。自分自身も一瞬に消えると感じるのですから、死んでしまったと錯覚を起こすぐらいの恐怖感なのです。

現在では、額の部分に、自分の目の三倍ぐらいの、大きな目の形状と類似しているものが見えます。そこから色のついていないエネルギーのようなものが、回転しながら出たり入ったりするのが見えたり、感じたりすることがあります。

その他に、自分の意識自体を、「ここ」と意識した場所に送ることができるようにも感じられます。不思議ではあるのですが、最近ではそのような気がしているのです。また、色々な映像や光を見たり、感じたりした場合には、そのたびに体中に嬉しい感情というか、とてつもなく不思議な感情が湧き立ちます。

自分自身の体はおろか、周りまでも強力に輝く光に包まれ、そして、輝き出すこともあります。やはり、アジナチャクラが関係しているような気がします。ですから、アジナチャクラのことを「第三の目」などと呼ぶのでしょう。

私のサハスラーラチャクラの覚醒について

マニプラチャクラの活動が活発に始まり、炎が噴出してきて覚醒が始まったと認識した後のことです。ほぼ落ち着いた頃、クンダリニーの上昇が起こりました。クンダリニーの上昇現象の後、言い表せないほどの安堵感が生じました。嬉しくて、気が抜けたようになりました。さらには、意識が飛んだようになりました。その後、気がつくと、頭の上面背部周辺に大変気持ちよい暖かさを感じたのです。

なぜ暖かく気持ちがよいのかと不思議に思い、よく観察しました。意識してみると、仏陀や、キリストなどの背後上面に描かれているような、円形状の大きな輪の形状をした光が、私の背後上面にもあるのです。しかも、金色に光り輝きながら見えたり、感じたりしていたのです。

これはもう、たとえるものがないぐらい気持ちがよいのです。しばらくその気持ちよさを味わっていると、今度は頭のてっぺん、サハスラーラチャクラの部分に突然、大きな口が開きました。イソギンチャクの頭部が開いたような状態です。

そこから、手筒花火に火をつけたように、炎が吹き出すのです。最初は少しの量でしたが、だんだんと多くなります。様々な色のついた炎が噴き出すのが見えたり、感じたりします。

その後、炎で筒状になった部分が頭部上面上空に噴出しながら、気が遠くなるほどゆっくりと時間をかけながら、下腹部のスワディスターナチャクラのところまで下がっていったのです。

私としては、この現象もやはり、クンダリニーの上昇の変形したタイプに間違いがないと確信しました。クンダリニーの上昇時と同じように、下方にも突き抜け、そして伸びていってくれないかと、心を鎮め願っていました。

今度は下の方向にも伸びていき、最下部のチャクラ、ムーラダーラを突き抜けていったのです。その後、クンダリニーの上昇時と同じで、表現のできないような嬉しさが込み上げました。表現に困るような、大変な興奮がありました。そのうち、気が遠くなり、意識を失ったようになったのです。

その後、ふと気がつくと、私は宇宙空間に横たわっていました。そう感じたのです。地球は、遥か下側に、サッカーボール大の大きさに見えています。地球は、青く、透き通った色で輝いています。表現ができないほど、きれいでした。他の無数に存在する星も、透き通ったような様々な色で輝いていたのです。まったく不思議で理解ができないでしょう。しかし、私はそのように感じたのです。

そのとき、自分の意識は、地球の数百倍もあるように見えたり、感じたりしました。私自身、理解に苦しみますが、透明人間にでもなっているようにも見えたり、感じたりするのです。さらに、その炎のような筒の柱が、非常に太く、上下に何万キロメートルもあるかのように、途方もなく長く伸びて見えたり、感じたりしていたのです。

宇宙空間に浮いている自分と地上にいる自分が一緒に見えながら、その現象を感じるのです。ご理解いただくのは難しいでしょう。しかし、私自身は事実、そのように感じたのです。

マニプラチャクラの覚醒が始まってから、この現象が終了するまでの時間は、約7時間半であったと記憶しています。得体の知れない様々な現象が一晩中続いていたことになります。

クンダリニーの上昇の変形タイプ現象があった後に、神様に直接会った感覚になったり、神様からの声と思われる声が聞こえ出したりしました。すべてが神様からの贈り物のように思え、嬉しくて、嬉しくて、涙が出て止まらなくなりました。愛とは、自然とは、神様とは、宇宙とは、本当は何であるかの意味が、不思議と理解できるようになってきたのです。

また、様々な光の体験や幽体離脱、体が激しく動くことや、訳のわからない声のようなものが出たりする体験は、より一層現れやすくなりました。頻繁に起こったと記憶しています。

そのような出来事があった以後、私の体はすこぶる快調になりました。さらに一段と癒しの能力が増してきたのです。

光が見え出す

チャクラの覚醒が始まったかどうかの目安の1つに、光が見えることがあります。私のところを訪れる方々の中にも、光が見えるという方がときどきいらっしゃいます。よく聞いてみると、目を閉じると目の前で様々な色をした光が大きくなったり、小さくなったりしながら回っているなどと言います。

しかし、チャクラの覚醒によって見える光は、そのような光などではありません。自分の体以外の部分というか、空間というか、すべてが光り輝いて見えます。もしくは、太陽1000個分とは言えないかも知れませんが、とにかく強烈な光が見えたり、感じたりするのです。

また、周りにあるものがすべてと言っていいほど、様々な色で光り輝く場合もあります。さらには、キリストや仏陀の背後上面などに描かれている、丸い輪であって、金色に光り輝くものなどが見えることもあります。

色々な音が聞こえる

なぜか、音が聞こえるのです。例えば、フルートのような、笛のような音。隙間風のような音。太鼓の音。キーン、ブーン、リーンなどの金属音。蜂が飛ぶような音。鳥がさえずるような音。コオロギが鳴くような声。その他、多種多様な音が聞こえていました。6、7年続きました。

ただし現在では、多種多様の音が一緒に鳴っているように聞こえます。しかも、高い音が普段の生活の中で、いつでも聞こえているのです。何をしている場合であっても、眠っている間を除き、常に聞こえています。

音が聞こえるというのは、耳から聞こえるということではなく、頭の内部で感じていま す。耳鳴りなどとは異なっているものです。

その他に、神様からの声なのか、自分の自我意識からの声なのかははっきりしていませんが、聞こえてくることもあります。

体が光り出す

瞑想をしているとき、夜に布団に入り、一眠りした後のリラックスしたときや、または椅子などに腰掛けてリラックスしていたときなど、目を閉じると、自分の体が光り輝くのが見えたり、感じたりします。その光とは、最初の頃は黄色であったり、やや緑色であったり、銀色や金色だったのですが、回を重ねるたびに光がだんだんと強くなっていったのです。

その光は、やがて色がついているとは言えないようになってきました。大変眩しく、強力な光です。たとえれば、あなたの正面に小波のある湖があり、背後には複数個の太陽があって、小波に複数の太陽の光が直接当たり、反射しているほどの眩しさです。

体が光り輝くことは、やがては鎮まりました。現在では光り輝くことはありません。

ところで、現在は、夜、寝ようとして目を閉じたり、瞑想を始めようと目を閉じた場合、数分もしないうちに、すべてのものが透明に近い状態に透けて見えたり、感じたりするようになりました。自分自身の体も透けて見えたり、感じたりするのです。その際、自分の体や周りの物は、きらきらしてはいないが、透明に近い光で輝くのです。夜に電灯を消し真っ暗にしたとしても、やはり明るく光り出すのです。

過去の世界と思える現象が見える

何となく意識をすることによって、過去だと思える世界に、瞬時に意識そのものが移動することがあります。様々な場所や物が見え、そして感じるのです。そのときに見えたり、感じたりするものは、自分自身が子供の頃には何をして遊んでいたかはもちろん、数百年、数千年、数万年以前のことであっても見え、そして感じます。

太古の昔の場合には、人間などはもちろん存在しません。海の中を見ると、ムカデのようですが、著しく大きくて長い、羽のようなものがついていて、泳ぐというより飛んでいるように見える生物がいます。また、魚のようですが巨大で、頭ばかりが大きくゴツゴツしていて、えらや鱗ばかりが目立つものも見えます。何とも理解のできない、不思議な泳ぎや行動をしている生物ばかり見えるのです。しかも、海の中には様々なきれいな光が上部より射しています。その光がいろんな方向に拡散し、表現のしようがないほど、きれいなのです。様々な光に包まれ、そして輝いているのですから、その美しさは書き表すことができないほどです。

陸地を見渡すと、シダのようですが、バナナとヤシを掛け合わせたような、想像を絶するほどの大木が見えます。その大木の間を、トンボというより、極端に太ったカゲロウのような、何ともグロテスクな生物が飛んでいます。ムカデとトンボを掛け合わせたようなものも見えます。大小様々な昆虫と思われるものが、無数に飛び交う姿が見えたりするのです。

ところで、自分はというと、意識はありますが形がないように感じます。そして自由にどこでも飛んでいけます。その際、その大木を避ける必要がなく、難なく通り抜けることができるのです。さらには、飛び交う昆虫らしきものと、同化したいと思うと同化できます。方々に飛び回ることもできるのです。まったく理解ができません。不思議で仕方がないのです。

死後の世界や、極楽浄土の世界と思える現象が見える

私が寝ようとして布団に横になるか、瞑想などをしていて心が鎮まった状態になると、体自体が消えてなくなったようになり、死後の世界や、極楽浄土と思えるところが見え出すことがあります。

あるときには、真っ青に空は晴れ渡り、その遥か遠くには眩しいほどの様々な光が光り輝いた景色をみました。その景色の手前には、広大な土地一面に、様々なきれいな花が咲

き乱れています。そして、爽やかな風が吹き抜け、蝶のようなものや、鳥などのようなものが、様々な色に光り輝きながら、飛び交う姿が見えます。

また、目の前には、幅が100メートルほどもある川が見えます。川底には、球に近い拳大の石がゴロゴロと転がっています。水量は少なく、歩いても渡れそうです。


向こう岸はあまりにもきれいです。爽やかな風が吹いてくるので、歩いていこうとするのですが、どうしても自分の足を動かすことができません。川を越えられないのです。

その花畑の方向を見ていると、今度は大勢の方々が思い思いの格好をして、花畑の中を歩いているのが見えます。自分も遅れまいと、川を渡ろうとするのですが、やはり身動きが取れません。そのうち、花畑を歩いていた人々は遠くに行き去り、見えなくなります。自分は置いてきぼりを食ったと悲しんでいると、ふと我に返ることがしばしばあったのです。

この際、私自身が置き去りにされては大変と、大声で呼び掛けるのですが、歩いている人たちはこちら側にはまったく反応しません。整然と並びながら歩いて去ってしまったのです。ところが、大勢の方々が通ったはずの花畑は、まったく踏みつけた跡がないのです。

ところで、こうした現象ですが、私が見えているると思っているだけであり、死後の世界や、霊の世界などと言われている世界に、実際には行っていないと理解すべきなのかもしれません。

その見えたり、感じたりするものは実際にはなく、自分自身の脳内にある自我意識の記憶を、見たり、感じたりしているとも考えられます。その見えたり、感じたりする内容は、過去の暮らしの中において、聞いていた内容を無意識にですが記憶として蓄積しており、それが見えたり、感じたりするのかもしれません。私は、そのように考えているのです。また、遺伝子には、先祖や親が体験した様々な事柄や体験などが蓄積されていて、無意識の状態になると、その蓄積されていた現象が意識上によみがえり、見えたり、感じたりするのかもしれないのです。

ところで、様々な色で輝きながら見えるものは、すべて形があるようにも見えるのですが、よくよく見ると、すべてが在るようで無いような、透き通っているようでもあります。何とも表現に困ります。しかし、想像を超えた素晴らしさは感じられます。だからこそ、極楽浄土なのかもしれないと思ったのです。

とにもかくにも、周りに存在するあらゆるものすべてが、たとえようもないほど様々な光に輝くとともに、表現の方法がないほど素晴らしいのです。そのときの安堵感や安らぎは、どのように表現したらよいのか、表現をしようにも、しようがありません。それほど素晴らしい体験なのです。

体が勝手に動き出す

1997年頃だと記憶しています。様々な色の強烈な光を見たり、感じたりすることが始まって約2年後です。

ある夜、一眠りした後にふと気づくと、右手の手首から先が勝手に動き出したのです。最初はゆっくりで、動きは小さかったのですが、時間が経つと大きく、そして激しくなってきました。その後、右腕全体が、同様に最初は動きが小さかったのですが、そのうち方向が定まらないほど、激しくなってきました。

どうしたらいいかわからず、途方に暮れました。そのうち、今度は左手が動き出します。さらには足です。激しく動き出すのです。恐ろしくて、恐ろしくて、たまりませんでした。

その後、それこそ毎晩のように、私の意思にまったく関係なく、腰を中心として訳もわからないほど激しく動き出すのです。手はもちろん、足も首も肩も、それこそ全身が、気が狂ったように動くのです。

最も激しく動き出したときなどには、このままでは体が壊れてしまうと思うほどでした。自分の体がどうなるのかまったく見当がつかないので、本当に恐ろしかったです。

全身がどうにかなってしまうほど激しく動くという現象は、5年間ぐらい続いていたように記憶しております。体の動きは、長いときで3時間ぐらい続きます。短いときには、20～30分ぐらいです。動きが止まった後は、何とも言えないほど、全身がすがすがしく感じるのです。

その体の動きは、止めようと意識すると止めることができます。ところが、再び体がリラックスしてくると、激しく動き出してくるのです。そのうち激しく動き出すことが日常になり、恐ろしさは消えました。やがてはまったく驚きもせず、動きに任せるようにしていました。

現在でも朝方になると、全身が激しく動き出すことはよくあります。しかし、以前にあった動きのような激しさはありません。

今になって思うのですが、この体が激しく動いたのは、外部より入ってきたエネルギーを私の体が消化できず、体の中にエネルギーが充満したのかもしれません。そのエネルギーが急激に自然治癒能力を上げ、私の体を改善しようとしたためではないかと思っているのです。

私の体には歪みがあり、その歪んでいた部分が急激に改善してきたために、激しく動いたのかもしれません。そう考えると、やがては自然に、体が勝手に動くことはなくなると思われます。

想像を絶する恐怖体験で、食事がまったく取れなくなる

1997年5月初めの朝方でした。神棚の前に座り、1時間ほど呼吸法と瞑想をしたところ、何時間もしないうちに、極端に視力が落ち、瞼《まぶた》が膨れて、完全に塞がりました。針などで連続して刺されているような激痛です。さらには、涙が止まらなくなりました。しばらくすると今度は、顔が極端に腫れあがり、全身がむくみ始めます。少しであっても頭を動かすことができません。大変重いのです。痛みがひどくなってきます。全身が動かせないばかりでなく、苦しいのです。さらには、頭全体、特に額の辺りが非常に痛くなり、額が割れるのではないかというほどの激痛です。恐怖心が増すばかりであったと記憶をしています。

この恐怖体験の後、7日間ほどは食事がまったく取れませんでした。自分の周りに存在する、あらゆる物の臭いに対して、極端なほど敏感になりました。口の中に食品や飲み物を入れるだけで、恐怖を感じるのです。

他には、こんな不思議な体験もしました。金粉や小判、1万円札などが降ってくるのです。喜んでいると、その金粉や小判などが急激に大量に降り出し、自分自身が埋まってしまうのです。次第に息もできないようになり、死の恐怖を味わいました。

また、最大の恐怖体験は、私の腕と同程度の太さで、巨大な吸血ヒルと思われるものが、私の体に巻きつくのです。吸血ヒルの口が私の腕に吸いつきます。いくら振り切ろうとしても振り切ることができないのです。

私は非常に貧しい家に生まれました。高校進学はあきらめるしかなく、義務教育のみです。そこで努力をして、一級建築士や一級建築施工管理技士の資格を取り、それを仕事にしてきました。

したがって私は、「お金さえあれば……」という意識が強かったのでしょう。無意識的でしたが、金銭に執着していたので、自我意識から解放されるためには、金銭などから意識を外し、心を鎮める必要があったのだと思われます。

また、吸血ヒルの場合はこうです。自分では心を開いていると思っていても、無意識的に、私は自身の心を開くことをためらっていたのかもしれません。そこで恐怖体験を通し、「心の中にある自我意識を解放しなければならない」と知らせるためだったのでしょう。

神様に直接会って、和合したような感覚になる

サハスラーラチャクラの活動が活発になり、覚醒が始まってしばらく経った夜のことです。一眠りして、「あれ、今日の様子はいつもと感覚が違うな」と思っていると、体から離脱した意識が、あたかも普段の瞑想をしているように座禅を組みながら、空中をゆっくりと上昇していく姿が見えたのです。

「これは何であろうか」とビックリしながら観察をしていると、やがて様々の色で光り輝く、空の上に浮かぶ雲海のようになったところを突き抜けました。そして、そこにゆっくりと着地をしたのです。

まばゆいばかりの、色とりどりの光が、こちら側に向かって放たれています。強烈な光です。その光り輝く塊の中に、中心部があることがわかります。すると、自分の意識にまったく関係がなく、その光の発生源に吸い込まれていくのです。

その光の発生源にごく近くなったとき、吸い込まれるスピードが極端に遅くなりました。そこでよく観察すると、5段ぐらいの階段があります。そのてっぺん部分には光の発生源

があるように見え、そして感じるのです。

しかし、そこには、よく言われる神様らしき姿はまったく見えませんし、感じることもありません。そこでもう一度よく見ると、極端に大きな人型のようなものが、あぐらをかいているように見えます。その人型のように見えたものが、光を放っていたと考えられるのです。

その後、しばらくすると、私の意識がその階段を滑るようにゆっくりとしたスピードで昇っていきます。ついに、その光の発生源に溶け込んだのです。

その瞬間、私は神様と一体と化し、和合したように感じました。安堵感と満足感で興奮していたことを思い出します。

体験した安堵感と満足感は、普段の生活では体験したことがないほどです。私には表現する術《すべ》がありません。これは体験した方でなければ、わからないような気がします。

すべては神様からの贈り物だとわかった

神様らしき光の発生源に溶け込んで、神様と一体と化し、和合したように感じた直後です。今度は、形あるもの、形がなくても感じるもの、過去や現在、私の周囲に存在するすべてのものが重なり合いながら、まばゆいほど光り輝き出しました。金や銀など、様々な色が見えたり、感じたりします。

そうしたすべてのものが、神様からの贈り物だという感覚と意識になりました。私は大変興奮していました。それから、どのような表現をしても、言い尽くせないほどの大変幸せな気分になりました。本当の意味での安堵感です。今日まで悩み続けていた様々な事柄から、本当の意味ですべて解放されたように感じたのです。

その後、死ぬことへの恐怖がなくなりました。お金や様々な物に対する執着なども極端に薄れてきたのです。そして、あらゆる事柄に対しても、恐れることが減りました。また、冷静に行動ができるようになり、許すこともできるようになりました。これまでの私とは、まったく異なった意識状態になったのです。大変不思議でした。

さらにその後、嬉しくて、嬉しくて、何もしていないのに、自然に涙が出てくる状態がしばらく続いていました。そのことにも大変驚きました。

涙を流すたびに、心の中に存在していた過去の悩みや、いま抱えている悩みが極端に少なくなっていくのです。

神様とは、愛とは、宇宙とは、自然とは……

私が神様らしい光の発生源に溶け込んだとき、私の脳裏に、自然に存在するすべてのものが愛そのものであり、神様そのものであり、そして、宇宙そのものであるという考えが浮かんできました。つまり、宇宙に存在するものは、すべてが1つであり、同一のものであるのです。

これこそが愛の本質であり、神様の本質と考えられます。ですから、自然の法則に則した自然なる愛も、神様も、同一のものなのです。

こう考えると、自然の法則に則した自然なる愛とは、すなわち自分に対して行うことも、他人に対して行うことも、区別はなくなります。

実行したことすべてが、そして、思ったことすべてが、自分に対して行ったことになるのです。また、他の人に対して、神様に対して、宇宙に対してといった、区別はまったくなくなるのです。

愛というと、男女間の愛や、親子愛だけが愛であると間違って解釈されています。

しかし、本来の愛とは、人類愛、民族愛、家族愛などすべてです。すべての事柄に対する愛なのです。すべてが一体であって、区別は存在しません。争いは当然、不自然なのですから、考え直すべき事柄です。

ところで、仏陀（お釈迦様）は、自分自身が難行苦行を実践し、悟りを開いた後、人間の生きる道は、難行苦行を実践する必要はまったくなく『自然のあるがままであることが大事』と、説いたと言われています。このことを考えれば、私の述べていることと同じことを述べているのかもしれません。

第 4 章

癒しの力とは、愛の力

天啓気療とは

こうした不可思議な体験の末に、手をかざすことにより、病気や心の癒しができるようになりました。

しかし、現在においては、多種多様な施術があります。例えば中国式気功とか、何々式整体、催眠療法などです。そこで、私が行っている施術を、他と区別するため、『天啓気療』と命名しました。「天から与えられ、そして啓示されたエネルギー。すなわち、宇宙の気による療法」という意味を込めました。

私がこの能力を発揮できるようになった経緯は、これまで述べてきた通りです。

それまでの私は、一級建築士や一級建築施工管理技士として、建築工事や建築の設計などの仕事をしていました。ところが、私の力不足だと思われるのですが、仕事の内容や、経営の状態が思わしくなく、悩んでいたのです。

そこで、少しでも能力の開発や願望が達成できたらと思い、呼吸法や瞑想に取り組み始めたのです。

言うまでもありませんが、私は医師でもなく、薬剤師でもありません。病気の種類や薬などの知識は、ないに等しいです。しかし、信用に値しないのかも知れませんが、手をかざすだけで、今日までに苦しんでいた悩み事や、病気などが改善していくことも、また事実なのです。

天啓気療の最も注目すべき点

私が天啓気療を施術することで、相談者の病気が癒され、相談者が抱えていた様々な問題が改善するというのはどういうことでしょうか。私は、天啓気療のエネルギーが、相談者に影響を与え、共振が起こっているからだと推測しています。

私は相談者にこのようにお話ししています。

「病気の原因は多くの場合、ストレスであると信じられ、理解され、そして受け止められています。つまり、ストレスが少なくなり、心にゆとりが生じてくると心が安定し、体には悪影響を与えなくなります。病気などにはならないことはもちろん、自然治癒力によって、放っておいても、自然に改善していきます。それがたとえ、がんや難病であってもそうだと考えています」

天啓気療を受けると、次のようなことが起こります。

①天啓気療を受けると余計な体の力が抜けます。リラックスしてきて倦怠感を感じます。異常というほど眠くなります。つまり、体の緊張がほぐれてきたことを意味します。天啓気療によって、心と体が癒された証明だと考えられます。

②体の力が抜けてリラックスすることで、気の流れに敏感になります。今までに感じ取れなかった体内を流れる血液やエネルギーの状態などが、感じ取れるようになるのです。

全身に気が回れば、態度や心にも余裕が出てきます。周りの人から「あなたはよく気が回る方ですね」と言われるようになるでしょう。

また、自分自身の悩んでいる事柄や、体のどの部分に障害があるかなども、簡単に判断できるようになるのです。

③体の緊張が取れてほぐれたことで、肉体と心が癒されます。すると、精神状態にも余裕が出てきます。他の人々との間に生じていた問題や、家庭内の、どのようにしても解決のできなかった争い事などが改善してくるのです。さらには、思いもよらぬ人からの引き立てなどがあるでしょう。

④周りの方々から、「あなた、最近何かよいことがあったの。今までとは何となく違っているよ。明るくなったもの」などと言われることでしょう。

①〜④の内容を総合し検討すると、次のようなことが、多く発現してくるようです。

- 性格が明るくなり、リラックスできるようになる
- 自然と微笑みが出て、楽しくなる
- 顔の表情が明るくなる。そして、多くの人から好かれるようになる
- 依然として問題は解決していないにもかかわらず、気にならなくなる。気持ちの上で

も楽になる

・何か言われると怒り、また気にしていたことが気にならなくなる。相手に対して、同情やあわれみさえ持てるようになる
・今日まで嫌いであった人との間が改善する。親密になる
・何となく嫌だった仕事が気楽にできるようになり、楽しくなる
・自分に対して、ふさわしい縁が結ばれる
・会社内において、ギクシャクしていた事柄が解決するようになる

体の調子や感情の捉え方、心のあり方などが変わるということは、周りで発生する事柄に対して冷静沈着になり、しかも考えにも余計な力が入りません。リラックスもしているので、人間の最大の欠点である自我意識を抑え、そして鎮めることもできるようになるのです。したがって、周りの人たちともうまく事が運ぶものと思われます。なぜなら、自然との調和をすることにより、より正しい判断ができるようになるからです。

このことが、私が理想とするエネルギーの利用方法です。すべての方々にとっても、最も重要なエネルギーの利用方法なのです。

ところが、自然の法則から見た場合には正しいことですが、自分から見ると、逆のことも起きます。そのことを自覚しておかなければならないのです。

この方とだったならうまくやっていくことができると思っていても、別れてしまう場合や、仲違いをする場合もあり得ます。しかし後日、冷静になって考えてみれば、なぜ別れることになったのか、納得できるでしょう。反対に、嫌な人だと思っていた方が、実は本当に素晴らしい人であったと気づく場合もあるのです。

天啓気療を受けているとき、どのように感じるのか

私が天啓気療を行う場合、相談者にはベッドにあお向けに寝ていただきます。全身の力をできるだけ抜いてもらいます。

私は腕全体の力を抜き、手のひらを広げ、その広げた手のひらから、頭の上方よりエネルギーを流すのです。相談者の悩んでいる患部にエネルギーを流すと同時に、関連のある

チャクラに対しても、意識を集中してエネルギーを流します。相談者と私の手のひらの距離は、約5センチメートルです。

その後、全身に向かってエネルギーを流します。約50〜60センチメートルの距離です。全身といっても、頭部に大半の時間を費やします。その理由は、肉体の維持はもちろん、精神や感情など、すべてに対してのコントロールは頭部が行っているからです。つまり、最も大事な器官は脳なのです。

私がエネルギーを送り出すと、相談者は最初に、手や足にかすかな温かみを感じます。弱い電気が流れているようになり、しびれたようにも感じてきます。そのかすかな温かみと、弱い電気が流れているようなしびれが、だんだんと全身に広がってくると同時に、手や足の緊張が取れ、リラックスしてきて、重く感じてくるのです。

さらに時間が経過すると今度は、重く感じると同時に、倦怠感と眠気がきます。そのまま、眠ってしまう方もいます。この倦怠感や眠気があるのが、リラックスしている状態で、緊張が緩和されたと言うにふさわしい状態です。

私の実施する天啓気療の特徴は、自我意識（喜怒哀楽や欲など）を鎮めることができるのかもしれません。自我意識を鎮めるということは、ストレスで緊張した精神や肉体などをリラックスさせるということなのでしょう。病気や精神的な悩みなどを改善させる能力と言えると思います。

天啓気療の施術の最中に、相談者によって、様々な現象が現れてきます。

精神的な悩みがある場合には、歓喜のあまり、ひとりでに涙が出てくる人がいます。泣かずにはいられなくなり、実際に泣く方も少なくありません。ところで、催眠療法などの場合でも、同様の現象があるようです。しかし、私の場合には、一切誘導をしていません。にもかかわらず、この件のような現象が起きます。そこが私の能力の特徴でしょう。

長い間、筋肉や骨格に負担をかけている場合などには、ひとりでに筋肉や神経が動き出し、体が動き出すこともあります。特に背骨が曲がっている方や、著しい肩こりなどがある方に起きることが多いです。過去にいじめや虐待を受け、無意識的に記憶が残っている人も、同様のことが起きます。

「頭の中で何かが動いて変な感じがする」という人もいます。また、患部がはっきりしている方の場合は、患部にエネルギーのようなものが入ってきて、うごめいているように感じる、と言う方もいます。個人により様々です。

ところで、施術をしていると、私にも変化があります。私の手のひらに、表現が難しいのですが、先の尖った針を束ねたもので激しく突かれたような、非常な痛みを感じます。例えば、一極に集中して痛みを感じることがあります。他には、手のひら全体に血液が集まったように紫色の斑点が出ることもあります。涼しい風のようなものが手のひら全体に向かってきたり、指や手のひらがまったく動かせなくなったりもします。

特に、私が手のひら全体に痛みを感じるときは、相談者が悩んでいた部分が改善していく状態と言えます。

天啓気療の遠隔ヒーリングについて

遠隔ヒーリングについて説明しましょう。対象者が目の前にいないので、直接エネルギーを流すことはできません。そこで、天啓気療を実施する相談者の姿を思い浮かべ、イメージをしながら天啓気療を施すのです。遠隔ヒーリングの場合、必ず相談者と電話を介して、状況や様子を聞きながら施術をします。それは、変化があったかどうかを確認することが、絶対に欠かせないことだと私が考えているからです。

気功療法においても、遠隔での施術を主張する方がいます。前述したように、気功療法は物理的次元（エーテル次元）のエネルギーです。

気のエネルギーは、すべての人に備わってます。各自の体内でも働いています。そのため、意識をすることで、体の外側に出し、他人の体に対して働きかけることができるのです。

しかし、気の次元のエネルギーは、せいぜい2～10メートルぐらいの距離までが有効であるとされています。それ以上離れると、効果が薄れてきます。

一方、意識の次元であるアストラル次元やカラーナ次元ですと、外国であろうとどこであろうと、遠くまで届きます。そこが、気功と私の能力の異なるところです。ですから、気の次元のエネルギーとアストラル次元やカラーナ次元のエネルギーは、まったく性質が異なります。

例えば、以前に気功の施術を受けたことがある方が、私のエネルギーを直接受けたならば、その差は歴然としています。体が受ける影響や感覚が、まったく異なっていることがおわかりいただけるでしょう。

ですから、チャクラが目覚めたのが気の次元（エーテル次元）なのか、それともアストラル次元なのかカラーナ次元なのか、そこが最も重要です。能力も効果の出方もまったく異なるのです。

病気とはどのようなものなのか

病気とは、緊張やストレス（警戒心、嫉妬、哀しみ、臆病、憎しみ、恐怖）などにより、血液、体液、生命エネルギーなどが滞り、自然治癒力が低下した状態を指すと、私は考えます。病気を「気が病む」と書くことでも理解できるでしょう。

近年の生活水準の上昇、医学の進歩、医療の充実により、日本人の平均寿命は世界に誇れるものとなりました。一方で、社会は複雑化し、多くのストレスを発生させます。がん、糖尿病、高血圧、心臓病などの生活習慣病、うつ病などに代表される心の病気など、心身ともに様々な病気に悩む方々が多くなっています。特に、現代は経済的ストレスはもちろん、職業の不安などがあるため、心の悩みは深刻になるばかりです。

そこで大事なのが、天啓気療や呼吸法、瞑想、自律訓練法などにより、自我意識が引き起こす緊張やストレスをほぐすことです。自然の法則に則した自然な態度で生活すると、心にも余裕が生じてきます。その心の余裕により、肉体的にも、精神的にも、安定感が増します。さらには、自然治癒力が活発に活動してくることになり、様々な病気や心の悩みなどが改善するようなのです。

天啓気療を受けると、ほとんど全員が、眠気や倦怠感を催しますが、その眠気や倦怠感こそ、一番大切な、ストレスの解放そのものなのです。つまり、リラックスに他ならないのです。

また、呼吸法や瞑想、自律訓練法などでも、体の力が抜け、リラックス状態になります。やはり眠気や倦怠感を催します。ですから、呼吸法や瞑想、自律訓練法などは、誰でも気軽に実施できる、ストレスを解放するための、最良の方法なのです。

病気の原因は3つに分類できる

病気の原因は、大きく分けて3種類あると思います。

1 先祖や親からの遺伝によるもの

体型や顔が似ているのと同じで、性格や病気なども類似している場合があります。また、五臓六腑にも関係していることが以前よりよく知られています。すなわち、病気に対しても関係しています。

様々な危険から子孫を守るため、動物である人間は、様々な情報を遺伝子に残していると考えられます。先祖や親が体験した様々な重要な事柄や体験、それに伴うストレスなどは、遺伝子にも引き継がれます。そう考えなければ、理解できない病気なども存在しています。この件については、「因縁」などとして扱われます。

2 外的要因によるもの

転んで腕を折ることや、交通事故などにより、骨や筋肉などが損傷することを指します。
また、ギックリ腰なども、外部からの要因と考えられるのです。

骨や筋肉が損傷した場合には、よほどのことがない限り、人間の肉体が本来持っている自然治癒力によって、完全とは言えないまでも、修復され、回復していきます。天啓気療を実施すると、自然治癒力が一段と増し、早期に改善します。特に、スポーツなどで傷めた場合は、元々筋肉など体が鍛えられているため、改善が早いです。

3 ストレスや緊張が原因によるもの

病気になると、真っ先に病院を訪れることが一般的です。確かに、医学の進歩は目覚ましいものがあり、緊急時や、どうしても手術などが必要な場合には、絶対になくてはならないものでしょう。しかし、医者や薬では根本的に病気は治らないことを知るべきです。

最も注意を払わなければならないのは、病気を改善させたり、治したりすることができるのは、皆様自身が持ち合わせている自然治癒能力であるということです。絶対に、医者や薬の力ではありません。医学や薬はあくまでも補助的であって、根本的に改善させたり、治したりすることはできないのです。また、どのような能力者であったとしても、できないことと自覚すべきです。私も同様で、絶対にできないし、まったく無理なのです。

例えば、何らかの原因により、出血した場合を考えてみましょう。出血すると、血液中に流れている血小板などによって、血液が必要以上に流れ出ないように傷口を凝固していきます。同時に、白血球などによって、外部より侵入してくる細菌などを退治しながら、傷口を修復していきます。医者や薬は補助的には役立っているかもしれませんが、直接的には役立ってはいません。出血に対応しているのは、紛れもなく、自分自身の自然治癒力です。肉体のあらゆる病気に対しても、同様のことが言えるのです。


たとえ、私であっても、補助的であり、直接改善させているわけではありません。皆様の持ち合わせている自然治癒力を、本来の正常な状態に呼び覚ますことができる能力を、私は持ち合わせているだけなのです。天啓気療とはその能力を駆使しているのであって、私が改善させたり、治したりしているのではありません。

病気やストレスから一日も早く解放されるためには、心を鎮め、自我意識や愛について思考しなければなりません。太古の昔から語られています。したがって、心を鎮め、自我意識や愛について思考するためにも、私は呼吸法や瞑想、自律訓練法などを勧めているのです。

次の事柄を冷静になって考えれば、納得できるでしょう。

誰でも知っている通り人間は、心のある、感情の動物であると言われています。確かにその通りです。人間の本質は、心、生命、気、魂、そして肉体から成り立っています。

そこで、心や感情を調べてみると、気が現れます。気とは、生命エネルギーであり、肉体を動かしている原動力であり、源でもあるのです。

ですから、元気に行動できるのも、病気になったりするのも、気、すなわち生命エネルギー次第です。心のあり方や感情によって、生命エネルギーは様々に形を変えて肉体に現れてきます。肉体に現れてくる現象、つまり病気は、様々な自我意識による不安や、ストレスなどによる場合がほとんどなのです。

また、心の病気には、不安症や自律神経失調症、パニック症などがあります。こうした病気の原因として、意識のあり方や、自我意識のあり方などの、生命エネルギー（気）そのものが関係していると、私は考えています。すなわち、不安症や自律神経失調症、パニック症などだけが心の病気ではなく、すべての病気が心の病気と言っても言い過ぎではないのです。そして、治療方法として精神安定剤などの薬物療法や、心理療法などが試みられますが、あまりよい結果が期待できないようです。もちろん、他の病気などにも様々な薬などが用いられますが、やはり、対症療法でしかありません。

ところで、ストレスや緊張とは何なのでしょうか。私は次のように考え、そして理解をしています。

様々なる思考や意識は、アストラル次元のエネルギーを出していると一般には述べられています。つまり、自我意識のことを指しています。

それでは自我意識とは何でしょうか。自我意識とは、一般的に知られている言葉で表現すれば、欲とか、喜怒哀楽のことだと解釈できます。つまり、アストラル次元のエネルギーを単純に考えてみれば、喜怒哀楽のことを指していると言えます。

喜怒哀楽とは、喜ぶ、怒る、哀しむ、楽しむ、です。ではなぜ、喜怒哀楽が生まれてくるのでしょうか。それは、欲があるからこそ、喜怒哀楽が生まれてくると考えられます。

欲を持つことは悪いことかと申しますと、一概には言えません。もし、人間に欲がなかったら、仕事をすることも捨て、困難に向かって努力することもなくなるでしょう。さらには、命さえ簡単に捨てかねないかもしれません。したがって、適度な欲が必要なのです。

ここで注意をしなければならないことがあります。「喜びや楽しみは大変よいことなので、ストレスや緊張を生まないのか」という疑問です。喜びや楽しいことの反対は何であるかを考えてください。そうすれば納得がいくのではないでしょうか。どのような現象であれ、心のあり方であれ、裏を返せば何とやらであって、必ず表裏一体です。つまり、表があれば裏もあるのです。したがって、どのような場合においても、たとえ喜びであっても、ストレスや緊張は起こるのです。

意識としてはよいと考えても、心の中には「もしかして、このよいことは、続かないのでは……」との意識も一緒に存在します。すなわち、絶対によいこととして捉えていても、悪いのではないかと考えている部分も、心の奥底には隠れているのです。

例えば、「私はがんが恐ろしいので、がんにはなりたくない」と願っていたとしましょう。しかしそれは結局、「私はがんになりたい」と願っているようなものなのです。

ですから、がんはもちろん、病気のことなど、意識も考えも持たないことが大切です。つまり、自分には元々病気などには縁がないとして、気にしないようにしましょう。なぜなら、がんという病気を怖がっているからこそ、がんになりたくないと思ったのです。がんに対する恐怖がストレスとなっていることは、紛れもない事実です。

食事もストレスになります。例えば、太り過ぎているから痩せようとして食事制限などを実施すると、肉体的にも精神的にも負担が生じます。やがては多大なストレスとなり、病気を引き起こすことがあります。また拒食症や過食症などは、それこそ代表的な心の病気です。

他人をうらやむ嫉妬心。警戒心。哀しみ。仕事が失敗したらどうしよう、試験に落ちたらどうしようと思う臆病心。あの人にはひどい目に遭わされたという憎しみ。こうした感情は、欲があるからこそ生じてくるのです。その欲がストレスの原因でもあるのです。

この喜怒哀楽＝欲＝自我意識があるからこそ生命を維持し、地球上に人類が栄えているといってもよいでしょう。その自我意識が、あなたにとってふさわしい自我意識であるかどうかが問題です。要するに、程度が問題なのです。

病気は、自我意識（恐怖や欲）が先にあって発生します。病気になったから自我意識（恐怖や欲）が発生してくるのではありません。逆に、自我意識（恐怖や欲）があって、次にストレスが発生し、そして、そのストレスが原因で病気になるということです。ここを絶対間違ってはいけません。

ところで、肉体より出ているエネルギーは、エーテル次元エネルギーと言われます。それに対して、自我意識（喜怒哀楽や欲など）より出ているエネルギーは、アストラル次元エネルギーと言われます。

自我意識の出すエネルギーは、圧倒的に次元が高いです。五感によって感じることはありますが、物質としては存在しません。目にはまったく見えないものです。

アストラル次元エネルギーは、強力で洗練されています。肉体より出ているエーテル次元エネルギーに対して、絶大なる影響力を持っているとされています。したがって、自我意識のエネルギーとは、アストラル次元エネルギーのことであるので、自我意識のあり方が、健康を維持する上で重要です。仕事上や家庭生活を営む上でも同様です。要約すれば、生命を維持する上で最も重要であると言えるでしょう。

繰り返しになりますが、自我意識（喜怒哀楽や欲など）をできる限り鎮め、そして抑制するためには、できる限り体の力を抜き、リラックスすることが大事です。太古の昔から語り継がれていますが、だからこそ呼吸法や瞑想、自律訓練法をすべきなのです。

なお、体の力がうまく抜けたときには、ご存知の通り、脳がアルファ波と言われる脳波を出している状態になります。その脳波がアルファ波の状態になったときに、願望が達成して、喜んでいる状況をイメージすることで、願望が達成されると言われています。

天啓気療で改善しやすい方

「どこの病院で病気が治った」とか、「どこの治療院で治った」と言われていることがあります。しかし、そのようなことは最初から存在しないのです。

なぜなら、病院や治療院は、皆さんに対して自然治癒力がよみがえる手助けをしただけです。病気が治ったのは、皆さんの自然治癒力です。

私はいつも「自然治癒力を活発に活動させるのであり、一概には言えないのかも知れませんが、改善しています」とお話ししています。

様々なエネルギーに対する感受性には個人差があります。感受性の強い方も、弱い方もいます。感受性の強い方は、天啓気療の効果が即座に表れ、改善しやすいです。

改善しやすい方の場合には、私がエネルギーを送り出すとほぼ同時に、手や足はもちろん、全身がしびれたように感じてきて、全身から力が抜けます。手や足だけでなく、体までも自分では動かすことができないようになる場合もあります。

さらに、ほんのりと体が温かくなります。異常というほど眠気や倦怠感があります。肉体はもちろん、心までもがリラックスするようになります。

第一に、改善しやすい方といっても、様々なタイプがあるわけですが、最も改善しやすい方は、次に述べる第二の条件と、第三の条件を双方持ち合わせています。

こうした方の場合には、例えば、私のところを訪れて直接施術を受け、その後、他の方々と一緒に私のところを訪れると、そのとき施術を受けなくても、施術を受けた場合と同じくらいのよい現象が起こるのです。

また、直接施術を受けた後、他の人に対して私の話をしただけであっても、私のところへ訪れて施術を受けたのと同様の現象が起こります。このことは、なぜなのかはよく判明しているわけではありませんので、ここでの記載は避けます。しかし、確かにそのような現象があることは事実であると述べておきます。

そこが、愛のあり方や、意識のあり方が大事と言われるゆえんなのかもしれません。だからこそ、あなたに愛があれば、愛によって救われるのかもしれないのです。また、このような方は、そもそも病気などにはなりにくいのです。もし万が一、病気になったとしても軽く済むものなのです。この行為こそ、本当の意味での自然の法則に則した自然なる愛のエネルギーの放出なのです。

第二に、改善しやすい方をお話しします。私のところに来て天啓気療を受けた方で、自分が改善したのだからと、多くの方々に対し、私の不思議な能力を紹介する方です。

この方は、自分は今日まで病気などで様々な苦労をしたわけですが、同じく苦労をしている人を見て、自分の味わった幸せを少しでも分けてあげたいと、私のことを紹介するのです。自然なる愛の心の働きでしょう。

ただ、ここで申し上げておきたいのは、周りの人に手をかざすだけで病気が改善したと説明し、説得するには、よほどの覚悟がいる、ということです。なぜなら「あなたは騙されているのよ。手をかざしただけで、病気がよくなるなんてあるはずがない。そんな方法で簡単にいいんだったら、医者や病院がいらないわよ」と言われ、白い目で見られ、軽蔑されかねないのが日本の現状だからです。さらには、そのようなことを信じて、他人を騙してはならないと、忠告されることすらあるのです。

ところで、そのようなことがあるにもかかわらず、天啓気療の説明をして他の人を説得できるのは、私の用いる力を信頼するからこそです。そして私の力を信じる自分自身を信頼し、この力で他人を幸せにしたいと願うからです。この方々は、何を言われようとも恐れずに、自然に真心を込めて紹介する行為を実施したのです。この行為こそ、自然の法則に則したことであり、見返りを求めない愛そのものであると言えます。
また、自分の知り得た素晴らしい情報を独り占めすることなく、大勢の方々のためになればとの意識が、無意識ではあるが存在します。要するに、心のあり方がオープンなのです。

天啓気療を受けた方から紹介されて、私のところを訪れた方もまた、私との間の信頼関係があらかじめできあがっているためか、より一層改善しやすいようです。
私のところを訪ねる頃にはすでに、体の不調だった部分が、完全と言わないまでも回復していることすらあります。精神的に悩んでいたものがなくなったり、軽減されていたりすることもあるのです。

今日まで自我意識のあり方によって体調が優れていなかった方が、他の人の話を素直に聞くことができるようになると、今日まで不足していた自然の心や、自然の法則に則した自然なる愛の心が呼び起こされてくるからでしょう。自我意識が鎮まり、緊張が取れてきて、リラックスしてくるのです。したがって、こうした現象が起こってくるのです。

昔から愛とは、人のためになればよいと願いながら、黙って役に立つことを為すことを言います。報酬を求めず、人の役に立つことをするのです。この自然に行った行為こそ、愛がある行為、自然の法則に則した自然なる愛そのものなのです。

昔から、「あなたに愛があれば、愛によって救われる」と言われているゆえんです。すべての施術行為に共通すべきなのは、無条件の愛があってこそで、見掛けの愛であってはならないと、私は考えています。

見掛けの愛とは、単に「あの人が好きだ」とか、「男性が女性を、女性が男性を好きになった」などで表現される愛です。この愛とは、動物的肉体的情愛であって、ここでいう愛ではないのです。愛とは、誰に対してでも無条件に見返りを求めない状態であり、たとえ、自分自身が不利になったとしても、相手を思いやり、認め、許すことができる、心のあり方をいうのです。

症状や悩みが改善しやすい方の第三の条件は、、表情が明るい方です。表情が明るい方の場合には、意識が自分の内側を見つめているより、外側を見つめていることが多いのです。

意識が外側を向いている人は、外交的な方であり、楽天的な方です。よって、自我意識や欲などにとらわれず、もちろん病気などにもくよくよ悩まないことが特徴です。この方々の場合には、アナハタチャクラのよい面が発揮されているのです。

といっても、周りの方々を気にもせず、遠慮もせず、考えもせず、ヘラヘラとしているという意味ではありません。こうした場合は、自分の主張のみをしている人と言えます。ムーラダーラチャクラや、スワディスターナチャクラの悪い面が出ているだけです。

昔からよく言われる教訓に、病気が治りたかったら「人のために尽くすこと。尽くしておくこと」や「病気になったのだから戦わないこと。あきらめること」。そして、「病気であることを認めること。さらに、病気のことを忘れること」などがあります。

天啓気療でも改善しにくい方

様々なエネルギーに対する感受性には個人差があります。感受性の強い方も、弱い方もいます。感受性の弱い方は、天啓気療の効果が弱い場合があります。

感受性の弱い方の場合には、警戒心、嫉妬、悲しみ、臆病、憎しみ、病気の恐怖などに対して必要以上に敏感になっていることが多いです。

また、著しく物事や物に対しての執着欲があったり、恐怖心（自分で気づいていないことが多い）などがあったりする場合、一時は回復しても、またすぐに戻ってしまうことがあります。特に、著しくお金や土地などに執着している人や、幼少期に虐待やいじめを体験している人などは、改善しにくいような気がします。

さらには、自分にとって大事な方を病気などで亡くしており、恐怖の記憶として残っている人も、改善しにくいようです。

また、家族や生活をしていく中で重要な人に対して、自分の病気や悩みなどを秘密にしている場合なども、やはり改善はしにくいです。

極端に改善しにくい方の場合は、自分の心の中では、改善したいと強く願っているのですが、心を素直に解放できないことが多いようです。

このような方は、感激したときや悲しんだときなどでも素直に涙が出てきません。心の中では悲しんでいても、外見的には涙を流すことができないのです。
つまり、心の緊張を解放することが少ない傾向が見られます。
そうした方は、幼少期に両親などから虐待があり、泣くことを禁止されていたということもあります。

涙は血液の一部です。そのことからも考えてみれば、たびかさなる様々な緊張から、血液自体もまた病気と同様になっていて、正常な働きができないと言ってもいいかもしれません。

改善しにくい方は、理由は別として、自分自身の自然治癒能力や行動に対して、信頼をしていないことが多いようなのです。こうした人は、他人をもまた信頼できないことがあると申し上げておきましょう。

改善しやすい方と改善しにくい方の違い

改善しやすい方か、改善しにくい方かの違いをお話ししましょう。見分け方の例として、腰痛に対して天啓気療を実施した後、私の問いに対する答え方の違いを挙げてみます。

まず私が「腰の具合はどうですか」と尋ねたことに対し、改善しやすい方は、「そうだな、まだ、少し痛みが残っていますが、来たときよりだいぶ改善しています」と答えます。

それに対して改善しにくい方は、「来たときよりだいぶ改善していますが、まだ少し痛みは残っています」と答えるのです。

改善しやすい方は、改善したことを強調しているのです。それに対して、改善しにくい方は、改善しない部分を強調しているのです。

つまり、改善しやすい方は、改善した部分に着目し、改善しにくい方は、改善しない部分に着目しているのです。

後日、再び私のところを訪れる頃になると、改善の度合いが歴然と異なってきます。

両者とも、答えた内容は同じであっても、意識に対するエネルギーの配分や、捉え方が異なっているのです。要するに、そのことによって、短期間で歴然と違いが表れてしまうのです。だからこそ、意識のあり方や、自然の法則に則した自然なる愛のあり方が大事なのです。

ところで、女性に比較して、男性のほうが改善はしにくいようです。なぜなのかを考えてみると、女性の体には、子供を産んで育てる機能が備わっているためか、元来肉体自体は耐久力があり丈夫です。また、子供を守るためには、様々な環境に対応し、順応しなければいけません。そのため、対応や順応が元々しやすいものと考えられます。したがって、様々なエネルギーに対しても同様だと想像できます。

それに対して、男性の場合は本能的に、女性を獲得し、自分の子孫を残さなければならないため、外敵である他の男性を追い払おうという意識があります。攻撃的であり、疑い深いです。警戒心が強く、他の人の意見が受け入れがたいのです。したがって、他のエネルギーに対しても同様だと考えられるのです。

改善しやすい方になるためには

- 病気は、恐ろしく、悪いものである
- 病気は、肉体に異常が起きた状態である
- 病気は、絶対に治さなければならない
- 病気を治すのは、病院であり医師である

このような考えは、まったくもって間違っていることに気づいてください。

病気になることは、決して恐ろしく、悪いことばかりではありません。

病気は、肉体に異常が起きた状態だけとは言えません。

病気になったなら、絶対に治さなければならないということでもないのです。

病気になったからといって病院に行き、入院したら、悪化する人だっています。

だから、「私は病院に行くのは嫌だし、病気は自分の自然治癒力で治すのだから、病気などは怖くないし、私は大丈夫だ」という発想も必要と思われます。つまり、開き直りも必要なのです。

私のところへおいでになる方々の中に、病気なのだから、何が何でも治してください、

と懇願する人がいます。

その反対に、病気になるのには何年もかかってなったのだから、「気楽に治したらよいや」と言う方もいます。実は、そういう人のほうが、早く簡単に改善するものなのです。

このことを考えると、何が何でもと慌てた方より、あきらめて気楽に考えたほうがよいことがわかるでしょう。この事実は、「病気のことを意識の中からなくす」という、捨て身の心の表れなのです。よって、ストレスとなることが最小限に鎮められ、よい結果を招いたと考えられるのです。


こうした心持ちの方は、病気の体験をしたおかげで、他の方々に対して思いやりを持てるようになります。さらには、周りの人の心の思いや、本心などに気づかされたりするものです。

そしてまた、今日まで大事にしてこなかった体に対しても、感謝の意識などが湧きます。より一層、体をいたわるようになるのです。

家族などの絆がより一層強くなり、いたわりの意識が芽生えてくることでしょう。

こうしたことは、「禍《わざわい》を転じて福と為す」のことわざ通りです。

様々なことに気づく、よい機会にもなるのですから、病気をすることも大事な経験の1つなのです。

そのようなわけで、病気になったことを、心のあり方の変化のチャンスとして捉えるよう、皆様にお伝えしています。病気であっても、前向きに生活することを私はいつも求めているのです。

病気に気を使い過ぎてはいないか

病気に対して気を使い過ぎてはいませんか？　今すぐ再考するべきです。

多くの方々に見受けられる傾向ですが、病気、病気と、気にし過ぎて、自分自身のエネルギーを病気に対して使い過ぎています。生活や仕事などの部分がおろそかになっています。

病気になる方々を見ていると、病気に対して、異常なほどのエネルギーを費やしていることがあるのです。

エネルギーとは意識自体のことであり、思考そのものです。病気になろうとすることも、またエネルギーの使い方にほかならないのです。

病気になりたいなどと願う人は絶対にいないとの意見もあるでしょう。

先ほども述べましたが、例えば、「私は病気が恐ろしい」と思ったとしても、やはり心の中では、「私は病気になりたい」と願ったことになるのです。なぜなら、病気を恐れているからです。すなわち、病気に対しての恐怖に意識が反応を示しているのです。

つまり、思考や意識によるアストラル次元エネルギーでのストレスを生じさせ、さらには、肉体の発するエーテル次元エネルギーに対しても、ストレスとして影響を与えているのです。

病気になったなら、勉強もしなくてよいし、学校にも行く必要がなくなるので、病気になればよいと、心の奥底で病気になることを望んでいる場合もあります。

会社に行って仕事をするのがつらいが休めない。しかし、病気になったなら、休めるのではないか、と考えたりする場合もあり得るのです。

さらには、夫があまりにも理解がなく、わがままな性格であるから、自分が病気になったなら、振り向いてくれるのではないかと思考する女性もいます。

会社の上司の態度がおうへいなので、自分が休めば困るのではないかと思考する場合もあります。

このことを考えると、いずれの場合であっても、病気になりたいと、自分の生命エネルギーを使って願っているようなものなのです。

例えば、世の中には、親子関係から夫婦の間柄をはじめとして、仕事の関連まで、様々な人間関係が存在します。このようなケースは、それこそきりがないほどです。

圧力的に期待を掛けすぎてはいないか

あまりにも圧力的に期待を掛けることが、ストレスとなる場合があります。

例えば、親が有名大学を卒業し、有名な会社などに勤めている場合などで、子供に対しても自分と同じ大学に入学させようとしたり、大企業に就職をさせようとするケースです。

過大な期待を寄せられた子供は、その期待に応えようとしても応えられないと、著しいストレスを受けます。体や精神状態に異常が発生し、それが病気に変化することがあります。

子供がたいへん頑張っている場合でも、注意が必要です。子供は意識的には「頑張らないといけない」と理解をして、承知して頑張っているのですが、無意識的には拒絶している場合もあります。そのことを、親が理解をしていないために、子供の心身にストレスが生じて病気として変化し、助けて欲しいという信号を出していることがあります。

このような場合などには、子供の病気に対して対処しようとすることが多いですが、むしろ原因たる親に対して、対処すべきなのです。

なぜなら、親がストレスの捌け口として、子供に対して圧力を与えていることがあり得るからです。親が様々なストレスを受けており、ストレスに耐えがたい状態になっていて、図らずも子供に悪影響が出てしまっているのです。

ところが、その場合、原因たる親に病気の原因の話をしても、まったく理解をしていただけません。たいへん残念です。親は、病気の原因には自分は関係がない、と思っているからでしょう。

また、兄弟姉妹を比較している場合もよくあります。子供に対しては、過大なる圧力となっています。親の側からすると、何気ない一言かもしれません。しかし、本人にとっては強力な圧力となり、過大なストレスと感じる場合もあるのです。特に注意が必要です。

この場合、アトピー性皮膚炎や喘息など、アレルギーに関する病気として表出することが多いようです。また、パニック症や人間恐怖症、不登校、五月病、月曜病、うつ病なども同様かもしれません。

また、有名大学に在席しているため、無理をして有名企業に就職をしようとして、パニックを起こしている方がときどき私のもとを訪れます。こうした人の場合、必要以上に自我意識が強く働いていると考えなければなりません。これでは、簡単に改善するはずの病気や悩み事なども、解消されることはありません。もちろん、就職なども希望通りにはいかないのです。

自分自身に対して期待が大き過ぎると、必要以上の負担が発生し、ストレスが増大します。病気などとして表れてくることがあります。

自分のことばかり考える人は……

自分のことばかり考えている人は、改善しづらいです。こうした人は、気のエネルギーを外部に出さず、内部に貯め込んでしまっているのです。

エネルギーを貯め込むということは、チャクラの性質である、外部とのエネルギーの交換がないことになります。行為や思考が重荷となって、心のストレスへと変化します。やがては、肉体に異常な状態、つまり病気となって表れてくるのです。

例えば、自分は太り過ぎたので、痩せようとするのですが、食事はこれまでと同じ量を取り、面倒なので脂肪を燃やす運動はしないような状態です。エネルギーを使わないと、痩せません。余分についているものは排泄し、消費しなければ、願っても新しいことはおきません。しょせん無理なのです。

勝手気ままな生活をして、周りの人に多大な迷惑をかけている人がいます。こうした人は、他人のことを考えません。自然の法則に則した自然なる愛がない行為です。思いやりのない行為であることに気づくべきです。

こうした人の自我意識によって、周りの方々は多大なストレスを受けます。やがては、そのストレスに耐えかねて、病気などになる場合も多いです。

例えば、奥さんが体の具合が優れない。しかし、夫のほうは何一つ悩んでいない。こうしたケースがあります。

縁があり、夫婦となったのですから、どちらかが元気であり、どちらかが優れないということは、ありません。一心同体だと私は考えます。

どちらかに問題がある場合には、もう一方にもやはり問題はあるものなのです。

これは夫婦関係に限りません。親子関係や、まったくの他人の間柄であっても、同様のことが起きます。

病気の場合、過去に原因がある

ほとんどの病気の場合、過去に原因があります。その過去を変えない限り、病気の改善は望めません。誰であっても病気になる原因は、過去の生活上におけるストレスや食事の状況、仕事の内容、残業による寝不足などにあります。

病気になると病院に通い、医師のお世話になります。それでも治らないとなると、もう改善はしないとあきらめている方が、ほとんどではないでしょうか。

多くの皆さんは、過去は過ぎ去ったことであり、変えられないと思っています。過去を変えることができれば、病気を治せます。しかし、どうすれば、過去を変えることができるのか、迷うのかもしれません。

しかし、過去についてよく考えてみれば自ずとわかりますが、今現在もまた直ちに過去となるのです。こう考えれば納得できるはずです。「今日のこの日は、明日になると昨日である」と。この日々の積み重ねが、すなわち、過去と称されているのです。

ところで私たちの多くは、過去は、絶対に変えられないと思い込んでいます。しかし、現在の思考や意識、行動を変えることにより、過去を変えたことになります。誰であっても、過去を変えながら毎日の生活をしています。ですから、過去を変えるのは簡単なことなのです。

さらに言うと、現在体験している事柄は、すべて自分が過去に思い描いた思考や意識、行動の集大成であり、現実化した姿です。

望んで病気になったのではないとは思いますが、とにかく、強く心の中に描いた思考や、過去に意識したことが、現実になっていると考えられます。

したがって、病気を早く治して、楽になりたいと願うことも、裏を返せばストレスが生じています。病気になりたいと思っていることと同様なのです。

ですから、病気に対して関係のないことを思考したりして、意識を他に向けることが必要です。病気とは、自分の心の中で想像をして、造り出していることだとも言えます。

病気の恐怖イメージは影響が絶大である

能力開発では、頭の中でイメージし、長い期間、思い続けることを勧めます。先ほども述べましたが、病気の場合も同様で、病気が怖いなどと思っていると、よからぬ緊張やストレスが体に悪影響を及ぼし、やがては病気として、実現されるのです。

前向きになるように思考した場合でも、否定した場合であっても、どのような形でも、すべての結果は同様のこととして実現するのです。

ですから、病気にはなりたくないと願っても、結局は無意識的にではありますが、心の中に緊張が生じて、ストレスとなり、病気になりたいと思ったのと同様の結果が実現されてしまいます。

ところで、私のところにも医師の方がときどき訪れます。話を聞いて、納得しました。例えば、精密検査の結果ががんと診断された場合などに、すべての方ではないということですが、がんと告知しただけで、がんが瞬く間に進行するというのです。

この事実を考えてみれば、恐怖やイメージの影響は絶大であることが理解できるでしょう。

笑う門《かど》には福来《きた》る

「笑う門には福来る」ということわざがあります。まさしくその通りです。

私のところに訪れる方々に対して、「笑ったり、微笑んだりすると、病気や苦しみが和らぎ、リラックスできて、本当に楽になりますよ」と私は勧めます。

ところが、「そんな、笑ったり、微笑んだりするだけで、病気が治り、苦しみが和らぐなら、わざわざここまで来ないよ」と言う方がいます。また、「今、病気で苦しんでいるのに、笑ったり、微笑んだりすることなどできません」と言う方が、本当に残念ですが、予想以上に多くいます。それが現実であり、現状なのです。

そのとき私は、「今、笑ったり、微笑んだりできないのなら、いつまで経っても笑えるときはこないよ」と言うことにしています。

過去の思いや感情が元で、病気や苦しみが表れているのです。現在において笑ったり、微笑んだりできないのなら、一生、病気や苦しみから逃れられません。なぜなら、現在がすべての始まりであり、すべての終わりだからです。

このように説明するのですが、不思議がっている方がほとんどです。

さらに私は、「ところであなたは、間違いなく、明日が来ると信じているのですか」と尋ねることにしています。それに対して多くの方々は、「必ず来る」と答えます。

それに対して私はこうお話ししています。

「絶対に明日が来るとは保証はありません。なぜならあなたは今晩、突然に命を落とすかもしれませんし、交通事故に巻き込まれるかもしれません。だから、今が大事です。明日のことは考えることはないとまでは言いませんが、とにかく、現在が大事なのです」

自分らしさの出せる、好きなことを持とう

自分らしさの出せる、好きなことを持ちましょう。好きなこととは、あらゆることに通じています。

まず考えられるのが、仕事です。「仕事はつらいもの」と考えている人が多いかもしれません。しかし、自分なりに楽しみながら仕事をこなしている場合には、不思議なほど心にも体にも、負担がかからないものです。つまり、緊張やストレスが少ないのです。

多くの方々が信じているようですが、暴飲暴食や仕事のし過ぎが、病気やストレスを引き起こすと考えています。ところが、暴飲暴食をしても、あの人は大丈夫かと周りの方々が心配するほど働いたとしても、病気にならない人はならないのです。不公平ではありますが、これが真実であり、現状なのです。こうした人は、病気に対しては微塵も意識がないのですから、病気には縁がないのです。これが最も大事な事柄です。

病気の原因は、様々な緊張によるストレスです。そのため、「私は、この仕事が好きだ」と仕事をしている場合には、緊張もストレスも少ないのです。そのため、病気などにもならないようなのです。たとえ、病気になったとしても軽く済みます。

ここでお伝えしたいことは、意識的に「仕事も楽しいもの」と感じ、そして取り組むべきだということです。そうすれば、緊張もストレスも最小限に抑え、そして鎮めることができます。

これは仕事だけに限りません。趣味やスポーツなども同じです。ストレス解消として、取り組んでみるべきです。

しかし、スポーツやレジャーなどが嫌いな方もいます。好きでもないことをすると、やはりストレスとなります。すべての方々が同じとは言えないのです。この好きなことは、皆さんの顔や体型が異なると同様で、千差万別です。個人差があります。

捨てることとは

捨てることで、まず絶対に注目しなければならないのは、呼吸です。

普段より多く息を吸うためには、まず吐かなければなりません。多く吐けば、吸いたくなくても、黙っていても、多くの空気が入ってくるものなのです。

肉体、特に、脳内にストレスや緊張などにより滞ったエネルギーが、病気を引き起こしていると、私は考えています。そこで、その滞ったエネルギーを、できる限り外部に放出することが必要となってきます。

滞ったエネルギーを放出していれば、呼吸と同じで、黙っていても新鮮なエネルギーが肉体に入り込み、健康になってきます。

エネルギーの放出とは、自分自身の肉体のことを意識するよりも優先して、仕事のことや家族のこと、さらには、他人に対して尽くすことです。

そうすることにより、自分のことを考える時間も少なくなります。したがって、自分の肉体や内面に対して意識をすることが少なくなります。それがよい結果を招くことでしょう。自然の法則に則した自然なる愛ある行為にもつながるのです。

家族や他人に尽くしたからとて、自分が不利になることはありません。愛とはすなわち、宇宙に存在するすべてのものであり、事柄でもあるのです。よって、自分に対して行うことも、他人に対して行うことも、別段の区別がなく、境がないのです。実行したことすべてが、そして思ったことすべてが、自分に対して行ったことになると考えられるのです。

また、過去に何らかの恐怖を感じる経験をした場合なども同様です。その恐怖体験を直視しましょう。そして認め、相手を大きな心で許すことが必要です。それこそが、自然の法則に則した自然なる愛ある行為です。心の解放そのものであり、意識の上において、捨てることなのです。

お金の支払いがよい例です。お金とは、誰にとっても命の糧です。お金の場合であっても、極端に求めようとすると、逃げていくものであり、同じ法則が成り立つのです。お金の場合も、求め方がふさわしい場合には、お金はついて回り、求め方がふさわしくない場合には、不自由します。

先ほども述べましたが、呼吸にしても、多くの空気を吸うためには、多くの空気を吐かなければなりません。お金や知識も同様です。

知識やお金は、苦労をして覚え、そして蓄えたのであるから、他人には与えたくないと、ケチな考えをする方がいます。知識やお金は使ってこそ、役立つものです。そして、使うからこそ、廻り廻って、再び大きな知識やお金となって、自分に舞い戻ってくるのです。

がんであと数か月の命だと、医師に言われた方がいます。どうせ治らないのなら、残りの人生を悔いなく過ごそうとあきらめてしまって、自分の様々な欲を捨てたところ、助かってしまうことがあります。

そのようにあきらめた方が助かった一方で、あきらめず、欲の心を捨てきれなかった人は、次々と病院を廻ります。そして最終的には、取り返しのつかない状態になることが少なくないのです。

誰であっても命は惜しいものです。命が惜しい、惜しい、と意識していると、たとえ命であっても消費していくものです。注意が必要なのです。

不平不満を必要以上に述べていないか

必要以上に、不平不満を述べていませんか?

「お金があったなら」とか、「もっと夫の稼ぎがあったなら」「隣の人はうるさい」「子供の頭が悪いのは、夫に似ているからだ」「仕事がうまくいかないのは、上司のせいだ」など、不平不満を挙げれば、きりがないほどです。

もし皆さんが、このような状態なら、自然な生き方ではなく、自分から不平不満を生み出し、その不平不満に腹を立てて、反応をしていることになります。自分からストレスを作っているのです。つまり、自分で病気を発生させていることになります。

また、自分の過去に行った様々な事柄を思い起こして悩んでいたり、悲しんでいたりする場合なども同様と思われます。

自然治癒力が働いていることを信じる

自然治癒力が、自分の体内でも働いていることを信じることは、大変重要です。

例えば、病気などになった場合、まず体温が上昇します。体温が上昇するのは、体内に入り込んだ細菌などを退治する捕食細胞などが、活発に活動している証拠です。

熱が出ると、何が何でも熱を下げようとすることは、このことを考えると、間違いであるとわかるでしょう。熱を下げることは、せっかく体内で自分の体を守ろうとしているのに、逆のことをしているのです。必ずしも正しいとは言えません。

食中毒などにて下痢を起こす場合も、自然治癒の表れであることを知ってください。下痢をしているのは、体内にある毒物を排泄している場合や、体内の熱を下げている場合かもしれないのです。もし、体内の毒物を排泄していた場合、薬を使って下痢を止めることは、取り返しのつかないことにつながる可能性があります。

また、吐き気があったり、嘔吐することも、よからぬ異物を吐き出そうとしていたり、体内にある熱を下げようとしているからかもしれません。

そして、天啓気療を受けたことで、急激に改善するために起こる好転反応らしき現象も、同様と考えられます。

病気の状態であったところに、強力なエネルギーによってリラックスできるようになり、自律神経のバランスが取れるようになって、自然治癒力が呼び起こされます。すると、捕食細胞なども呼び覚まされ、急激に改善の方向に転換します。これが好転反応です。詳しくは後述します。

病気から早く解放されるために必要なことをまとめます。私はこう考えています。

①意識の転換や笑顔、自然の法則に則した自然なる愛のあり方などを忘れない
②エネルギーは、他人のために使用することを心がける
③自分の欲のためにだけ、意識を巡らしたりしない
④腹を立てない
⑤他人を責めたり、恨んだりしない
⑥病気の原因は、自分自身が想像により造り出している。他人のせいにしない
⑦過去にこだわらない

すなわち、病気が改善しにくいのは、自分自身のせいであることに気づくべきなのです。

愛とはどのように表現したらよいのか

病気になった人や悩みのある人に対して、自然の法則に則した自然なる愛を与える場合には、私は次のようにしています。

「私がついているから、絶対に恐れることはない。大丈夫だから」と、心の底から感情を込めて言いながら、病人や悩みのある方と一緒になって、泣くのです。こうすることにより、過去にあった、解放することの難しかった事柄を、解放できるようになるのです。

そのとき、皆さんも、病気をしている方も、悩みのある方も、真の自然の愛に目覚めることができます。心の解放と、これまでに積もり積もったストレスからも解放されます。素晴らしい体験をするとともに、精神的にも、肉体的にも、想像もしたことのないほど素晴らしい変化が起こるのです。

そのようになると、今度は心の持ち方や感情の状態が変化し、「病気、病気」と悩んでいた意識が変化します。病気に対してエネルギーを使わなくなり、病気が改善してくるのです。

したがって、皆さんの周りに病気の人や、悩みを抱えている人がいるのなら、この方法はすぐにでも実行できます。ぜひ試みることをお勧めします。この行為こそが、無償の自然の法則に則した自然なる愛そのものなのです。

一方、誰でもよく行うのは、「元気を出せ」とか、「大丈夫だから」「しっかりしろ」などの励ましです。この励ましは苦しんでいる当人にしてみれば、本当の意味で、余計なお世話にしかなりません。気をつけてください。

好転反応と思われる現象について（偏差と表現されることもある）

私の癒しのエネルギーを受けた場合、急激に依頼者の体の自然治癒力が目を覚まし、急速に病気や心の悩みが改善していきます。先ほども述べましたが、好転反応と思われる現象が出てきます。たとえ、急激に激しく、そして苦しくなったとしても、心配は一切いりません。

ただし、1週間に2回以上の天啓気療を受けた場合などには、本当に激しく、そして、厳しく、この反応と思われる現象が出る場合が多いのです。したがって現在は、依頼があっても、週に1回以上の天啓気療を引き受けることはありません。たとえ、瞑想の修行などを熱心にしている人であったとしても、私のエネルギーを消化することは、まず無理であることが経験によりわかっているからです。

なぜ好転反応と思われる現象が出るのかは、厳密にはよくわかっていません。しかし、確かに現象としては出てくるのです。私の解釈は、先ほど述べたものです。

弛緩現象

各々の臓器が急激に回復し、本来の機能を出し始めると、各々の臓器のバランスがくずれたような現象が一時的に起こります（倦怠感、だるい、眠気など）。

過敏現象

悪かった時期よりさらに悪くなったように、一時的にですが、感じることがあります。時間が経過すると、改善していきます。リウマチ、アトピー、喘息など、アレルギーに関する場合には、特に激しいので、注意が必要です（便秘、下痢、痛み、腫れ、発熱、鈍痛、倦怠感など）。

排泄現象

体内の毒素を分解、排泄する表れです。汗、尿、便、皮膚などが臭うことがあります（吹き出物、目ヤニ、かゆみ、たん、鼻汁、せき、発熱、尿の色が変化、黒い便が出るなど）。

回復現象

急激に改善され始めるときに起こります。改善が進むにつれ楽になります（発熱、痛み、吐き気、嘔吐、腹痛、だるい、眠気など）。

検査結果

天啓気療を受けた直後から5～6日間は安定せず、血液検査やレントゲン検査などを実施した場合に、著しく悪化したような検査結果が出ることがあります。1週間に2度以上実施した場合には、特に異常状態の結果が出やすいようです。

好転反応期間

好転反応期間は、数時間から5日間ぐらいです。その後、平常に戻ります。5、6日過ぎてもつらい場合には、他の原因があることが多いです。他の原因とは、痛みが止まらないからと、整体などの施術を連続して受けた場合などです。変わった表れ方としては、数日後に変化が出ることもあります。また、過去に交通事故や手術などをしたことがある場合、まれにつらさが長期化することもあります。つらさを克服できずに、途中で癒しを止めてしまう方も、少数ではありますがいらっしゃいます。

心の変化や別れについて

好転反応と思われる現象の一部に、今日まで信じてきた方々との別れが現象として現れる場合などもあります。そのとき、争いも生じることもあるのです。

この件はこう考えられます。別れることになった人とは、精神的にも肉体的にも優れていないとき、つまりエネルギーはもちろん、判断力も運命的にも落ちているときに、よい人だと判断し、つながりをもっています。だからこそ、正しく変化しているからこそ、訣別があると考えられるのです。

また、解放することが難しい過去があり、様々なストレスが存在している人の場合、好転反応らしき現象が出にくいような気がします。要するに、好転反応らしき現象が出にくい場合には、改善もまた難しい傾向にあると思われます。

動画《どうが》で感《かん》じる！　チャクラ覚醒者《かくせいしゃ》の癒《いや》し

2024年6月28日　初版第1刷

著　者――――――北沢勇人《きたざわはやと》
発行者――――――松島一樹
発行所――――――現代書林
〒162-0053　東京都新宿区原町3-61　桂ビル
TEL／代表　03(3205)8384
振替00140-7-42905
http://www.gendaishorin.co.jp/

デザイン――――――阿部早紀子
イラスト――――――宮下やすこ

印刷・製本　㈱シナノパブリッシングプレス
乱丁・落丁本はお取り替えいたします。

定価はカバーに
表示してあります。

ISBN978-4-7745-2016-2 C0011